CB122130

O REQUISITO NEGATIVO DA TUTELA ANTECIPADA

KON TSIH WANG

O REQUISITO NEGATIVO DA TUTELA ANTECIPADA

GZ
EDITORA

Rio de Janeiro
2018

1ª edição – 2018

© *Copyright*
Kon Tsih Wang

Presidente do Conselho Editorial
Nelson Nery Costa

Diagramação
Olga Martins

CIP – Brasil. Catalogação-na-fonte.
Sindicato Nacional dos Editores de Livros, RJ.

W218r

Wang, Kon Tsih
O requisito negativo da tutela antecipada / Kon Tsih Wang. - 1. ed. - Rio de Janeiro: LMJ Mundo Jurídico, 2018.
190 p.; 23 cm.

Inclui bibliografia e índice
ISBN 978-85-9524-030-8

1. Direito processual. 2. Direito processual civil. I. Título.

18-47270

CDU: 347.91/.95(81)

O titular cuja obra seja fraudulentamente reproduzida, divulgada ou de qualquer forma utilizada poderá requerer a apreensão dos exemplares reproduzidos ou a suspensão da divulgação, sem prejuízo da indenização cabível (art. 102 da Lei nº 9.610, de 19.02.1998).

Quem vender, expuser à venda, ocultar, adquirir, distribuir, tiver em depósito ou utilizar obra ou fonograma reproduzidos com fraude, com a finalidade de vender, obter ganho, vantagem, proveito, lucro direto ou indireto, para si ou para outrem, será solidariamente responsável com o contrafator, nos termos dos artigos precedentes, respondendo como contrafatores o importador e o distribuidor em caso de reprodução no exterior (art. 104 da Lei nº 9.610/98).

As reclamações devem ser feitas até noventa dias a partir da compra e venda com nota fiscal (interpretação do art. 26 da Lei nº 8.078, de 11.09.1990).

Reservados os direitos de propriedade desta edição pela

GZ EDITORA

e-mail: contato@editoragz.com.br
www.editoragz.com.br
Av. Erasmo Braga, 299 – sala 202 – 2º andar – Centro
Rio de Janeiro – RJ – CEP 20010-170
Tels.: (0XX21) 2240-1406 / 2240-1416 – Fax: (0XX21) 2240-1511

Impresso no Brasil
Printed in Brazil

Dedico este trabalho a minha família, que hoje se resume apenas à Marília e ao Hulkinho. A qualidade do amor de vocês me levou a entender que eu não poderia ter uma ambição maior na vida do que ser o melhor marido e pai possível para vocês. Sei que ainda tenho muito para melhorar.

Agradeço aos meus pais, por tudo que por mim fizeram.

Ao meu orientador, Nelson Nery Costa, pela extrema dedicação e paciência nas diversas idas e vindas das correções da dissertação.

E, finalmente, a minha revisora que agiu de maneira tão ágil a fim de materializar o presente trabalho.

APRESENTAÇÃO

O presente trabalho se articula no sentido de analisar as alterações na legislação processual civil implementadas pela Lei 8.952, de 13 de dezembro de 1.994, com posteriores modificações pela Lei 10.444, de 7 de maio de 2002, que juntas introduziram no ordenamento jurídico pátrio o instituto da antecipação dos efeitos da tutela pretendida.

O Direito Processual Civil, por constituir-se em ramo do direito instrumental para aplicação do direito positivo, deve espelhar os anseios da sociedade contemporânea tendo em vista a aplicação do direito de forma mais rápida a fim de solidificar a proteção judiciária. Preocupação não só do Direito brasileiro, como também no direito alienígena.

Nesta perspectiva, o presente estudo tem como objetivo essencial enfatizar as vantagens do disposto no artigo 273 do Código de Processo Civil de 1973, dando ênfase ao requisito negativo para a concessão do provimento jurisdicional antecipado. Aborda a conceituação e a aplicação fática do instituto processual e analisa, ainda, a sua manutenção na lei processual civil de 2015.

Finalmente, põe em relevo, ao tratar do requisito negativo, o momento em que o julgador se depara com um conflito entre pedidos, cujos efeitos sejam irreversíveis, ponderando acerca da melhor atuação do magistrado na aplicação do dispositivo, inclusive avaliando e sopesando a infungibilidade dos bens pretendidos.

PREFÁCIO

A presente obra, originada e lapidada a partir de dissertação de mestrado no Programa de Pós-graduação em Ciências Jurídico-Processuais da Universidade Autónoma de Lisboa, oferece ao leitor uma acurada percepção sobre o instituto da tutela de urgência.

O autor Kon Tsih Wang desenvolve, com galhardia, uma linha evolutiva das medidas antecipativas da tutela, partindo da Lei n. 8.952, de 13 de dezembro de 1.994 (e posteriores modificações pela Lei n. 10.444, de 7 de maio de 2002), que introduziu no ordenamento jurídico brasileiro o instrumento processual, efetivamente no art. 273 do Código de Processo Civil de 1973. Nesse momento, analisa as consequências – notadamente as vantagens – na marcha processual e na efetivação dos direitos.

Conforme afirma, "o anseio da sociedade por uma resposta hábil, a fim de materializar as tutelas de urgência satisfativa", foi o fiel da balança que induziu o legislador a arquitetar um modelo de satisfação antecipada do direito, que, contudo, deve ser exercido dentro dos limites do devido processo legal, da segurança jurídica e dos comezinhos direitos fundamentais processuais.

Nesse intuito, o autor explora tais limites e aprofunda-se em seus parâmetros: os requisitos positivos para a antecipação da tutela – aqueles necessários concretamente para a concessão da medida; e os requisitos negativos, que constituem o objeto primário desta investigação.

Traça, então, breves observações sobre o direito comparado, para afirmar a consolidação da antecipação da tutela no Brasil e, enfim, delinear a diferença entre institutos afins (antecipação dos efeitos da tutela pretendida, tutela cautelar e julgamento antecipado da lide).

Parte, em seguida, para uma acurada análise prática do instituto, quando compara o instituto dentro dos sistemas do Código de Processo Civil de 1973 e do seu sucessor de 2015, sublinhando, oportunamente, a recepção jurisprudencial do tema.

Kon Wang demonstra destreza ao expor as razões sobre o perigo da irreversibilidade dos efeitos da decisão e o condicionamento das decisões judiciais à efetiva análise e superação desse obstáculo, para a concessão da tutela antecipatória. Afirma que, cuidadosamente, "o Código de Processo Civil de 2015 trouxe previsão expressa acerca da possibilidade de conversão de eventual dano, em decorrência da concessão da tutela antecipada, em perdas e danos, para fazer frente à irreversibilidade dos efeitos do provimento, conforme previsão do art. 302".

É, sem dúvida, livro de obrigatória presença nas bibliotecas jurídicas, como relevante fonte doutrinária, por sua acessível e completa abordagem.

Brasília, setembro de 2017.

Mauro Campbell Marques
Ministro do Superior Tribunal de Justiça
Corregedor-Geral da Justiça Federal
Diretor do Centro de Estudos Judiciários do Conselho da Justiça Federal
Coordenador-Geral da Comissão Científica da I Jornada de Direito Processual Civil

ÍNDICE SISTEMÁTICO

Capítulo 3
Evolução entre o Código de Processo Civil de 1973 (CPC/1973) e o Código de Processo Civil de 2015 (CPC/2015)

Capítulo 4
O requisito negativo da antecipação dos efeitos da tutela

Lista de Figuras

Introdução

É senso comum na sociedade brasileira, a ideia de que o Poder Judiciário é inábil para a efetiva prestação jurisdicional em tempo razoável. Tal assertiva, certamente, fora ocasionada por diversas variantes em uma complexa equação, entre elas, o crescimento populacional, o desenvolvimento dos meios de comunicação e a consequente rapidez na divulgação das informações.

O crescimento populacional e o desenvolvimento da sociedade, atrelados à ampliação do acesso à educação, principalmente em nível superior, possibilitou ao cidadão melhor qualificação profissional, ocasionando melhora em sua qualidade de vida, em especial pelo aumento do poder aquisitivo. O impulso na economia brasileira permitiu a inserção de novos meios de proliferação de informações pela mídia, seja ela televisiva ou por meio da internet, no âmbito das redes sociais. Esse conjunto de fatores permitiu ao indivíduo maior conhecimento acerca de seus direitos.

A tímida melhoria na estrutura do Estado em desenvolvimento, na qual se destaca o melhor aparelhamento das Defensorias Públicas e dos Ministérios Públicos, tanto em estrutura física como de pessoal, não só proporcionou maior grau de consciência na população na busca de seus direitos, mas também ampliou o acesso ao Judiciário, seja por meio da Defensoria Pública, no caso de hipossuficientes, ou do Ministério Público, através de sua atuação em defesa de direitos difusos, coletivos e individuais homogêneos. Não podemos esquecer também da contribuição dos advogados, hoje em grande número no país, em virtude da crescente multiplicação de cursos de Direito pelo Brasil.

É inegável que a demanda e o acesso ao Poder Judiciário aumentaram de maneira exponencial e, apesar de esforços, sua estrutura não se expandiu de modo eficaz para fazer frente ao desafio de prestar a tutela jurisdicional de forma célere e tempestiva.

Talvez por isso, formou-se o senso comum de que a Justiça brasileira é lenta ou, para aqueles mais otimistas, de que "a justiça tarda, mas não falha".

A bem da verdade, se tardou, é porque falhou.

Tal situação tem levantado diversas discussões entre os juristas e levado à realização de várias reformas estruturais na administração judiciária, além de provocar adequações processuais, a partir do século XXI, tal como a implementação do processo digital e, em especial, o aperfeiçoamento das normas processuais, estas que são supedâneo do acesso à justiça, previsto no art. 5º, inciso XXXV da Constituição da República Federativa do Brasil, como modalidade de direitos e de garantias fundamentais.

No entanto, essa garantia de acesso à justiça deve estar perfeitamente alinhada com o valor da ampla defesa e do contraditório, trazidos pelo art. 5º, inciso LV da própria CF, indicando que o processo deve não só permitir o acesso à justiça para o autor, mas também deve observar todas as garantias constitucionais asseguradas ao réu.

Visando a ampliação do acesso à justiça e a materialização imediata do direito do autor, que nem sempre prescinde de tempo, sugiram as tutelas de urgência, *a priori*, são incompatíveis com as garantias dadas ao réu.

Foi a partir do Código de Processo Civil de 1973 que as tutelas de urgência começaram a receber a devida atenção, mas apenas em 1994, com a promulgação da Lei 8.952/94, que a antecipação dos efeitos da tutela passou a ser expressamente prevista em nosso ordenamento, mais especificadamente, nos artigos 273 e 461, §3º do Código de Processo Civil de 1973. Esse instrumento processual visa garantir a efetividade da prestação da tutela jurisdicional, permitindo que sejam antecipados os efeitos da sentença de mérito, desde que preenchidos os requisitos legais.

A concessão dessa decisão antecipada, no entanto, redistribui o ônus do tempo do processo que, agora, passa a ser do réu e essa readequação, por óbvio, não pode, em vista dos valores constitucionais, já citados, expurgar do réu o acesso a suas garantias de defesa.

Com o fito de sopesar as garantias do acesso à justiça e da ampla defesa e contraditório, o legislador se preocupou em consignar no texto legal o requisito negativo da tutela antecipada, prevista no § 2º do art. 273 do Código de Processo Civil de 1973, qual seja, a irreversibilidade do provimento antecipado.

Dessa forma, havendo a possibilidade de irreversibilidade do pedido em desfavor do réu, não pode o julgador conceder a antecipação dos efeitos da tutela em favor do autor.

Em contrapartida, sabendo que a sociedade é dinâmica e as situações da vida são, em alguns casos, periclitantes, a doutrina e jurisprudência, elegeram o princípio da proporcionalidade para a análise e concessão da tutela, ainda que haja incidência do § 2º do art. 273 do Código de Processo Civil de 1973.

É este o objeto do presente trabalho, que pretende analisar quais procedimentos podem ser adotados nos casos em que se evidencia o perigo da irreversibilidade do provimento antecipado e, ainda assim, tem concedida a antecipação dos efeitos da tutela pretendida.

Na primeira parte do trabalho, abordaremos a problemática histórica da inexistência de previsão de uma medida adequada para suprir os anseios das pessoas que precisam do Judiciário uma tutela urgente, o surgimento das tutelas de urgência e sua concretização no direito brasileiro, apresentando, ainda, seus pontos distintos com outros institutos que têm a mesma aparência. Vamos analisar, também, a antecipação dos efeitos da tutela no ordenamento português bem como as *preliminary injunctions* no *common law*.

No segundo capítulo, trataremos mais afundo dos requisitos positivos para a concessão da tutela antecipada, ao tempo em que, no terceiro capítulo, faremos breves apontamentos acerca da evolução do Código de Processo Civil de 1973 ao Novo Código de Processo Civil de 2015, em vigor desde março do corrente ano, e principalmente, se houve ou não modificações no objeto do presente estudo.

Ao final, estudaremos especificamente o requisito negativo, incluindo a análise jurisprudencial sobre do tema.

O foco do presente estudo é a aplicação do requisito negativo da tutela antecipada, particularmente testando até que ponto a sua exigência pode evitar a concessão da antecipação dos efeitos da tutela pretendida, e ainda, se ele deve ser aplicado mesmo em casos em que o bem jurídico tutelado é o bem da vida.

Capítulo 1

Antecipação dos efeitos da tutela pretendida

1.1. O problema da ausência da tutela antecipada

Existe uma íntima relação entre tempo e processo, nas palavras em espanhol do mestre Francesco Carnelutti (1971, p. 412), *"el valor que el tiempo tiene en el proceso es inmenso y, em grand parte desconocido. No sería demasiado atrevido parangonar el tiempo a un enemigo contra el cual el juez lucha sin descanso".*[1]

Considerando a tradução livre, o renomado autor já previa que o tempo era um inimigo do juiz, contra o qual este luta sem descanso.

Chimenti afirma (2010, p. 97) que "ao impedir que o indivíduo exercesse a autotutela, a 'justiça' imediata com as próprias mãos, o Estado assumiu o poder e o dever de solucionar os conflitos de forma eficiente e célere".

1 "O valor que o tempo tem no processo é imenso e grande parte desconhecida. Não seria demasiado assemelhar que o tempo é um inimigo contra o qual o juiz luta incansavelmente" (CARNELUTTI, 1971, p. 412, tradução nossa).

No entanto, o decurso de tempo em um processo é necessário, a fim de que haja observância das garantias constitucionais, considerando, por exemplo, que há previsão de prazos para que se exerça o contraditório e a ampla defesa, previstos no inciso LV do art. 5º da Constituição Federal:

> LV – aos litigantes, em processo judicial ou administrativo, e aos acusados em geral são assegurados o contraditório e ampla defesa, com os meios e recursos a ela inerentes;

Não se busca um processo de 1 (um) dia de duração, onde a apresentação da inicial se dê pela parte da manhã, a contestação na parte da tarde, a sentença seja prolatada naquela mesma noite e a execução se dê na madrugada. Muito pelo contrário, um processo tão célere, na verdade, mais se aproxima dos regimes totalitários. Basta lembrar dos processos na Santa Inquisição, os quais eram dotados de tamanha brevidade. A bem da verdade, processo demanda tempo, como bem frisou Theodoro Júnior (2005, p. 21-22):

> [...] o provimento judicial não pode ser ministrado instantaneamente. A composição do conflito de interesses, mediante o processo, só é atingida pela sequência de vários atos essenciais que ensejam a plena defesa dos interesses das partes e propiciam ao julgador a formação do convencimento acerca da melhor solução da lide, extraído o contato com as partes e com os demais elementos do processo.
> De tal sorte, entre a interposição da demanda e a providência judicial satisfativa do direito de ação (sentença ou ato executivo), medeia necessaria-

> mente certo espaço de tempo, que pode ser maior ou menor conforme a natureza do procedimento e a complexidade do caso concreto.
> O ideal seria que a lide fosse composta no mesmo estado em que se achava ao ser posta em juízo e, por isso, ordinariamente, as sentenças são reconhecidas como declarativas e de efeito retroativo ao momento da propositura da ação.

Na mesma direção, leciona Orione Neto (2004, p. 1):

> [...] a realização dessa atividade – a concreção do processo de rito comum ordinário – exige tempo. Essa dilação temporal é inevitável mesmo que se cumpram escrupulosamente todas as previsões legais sobre sua duração. Seria ideal que o processo fosse instantâneo, mas isso não deixa de ser na prática uma aspiração desacertada e de todo desaconselhável, porque não seria razoável proferir uma sentença com esteio em alegações jurídicas afirmadas *prima facie* e ainda não devidamente provadas naquele momento. Disso decorre que a duração do processo se converte em uma garantia dele, porque acrescenta o valor segurança na aplicação do direito, ou seja, para dar a cada um o que é seu (*ius suum cuique tribuendi*), é condição natural e obrigatória um processo declarativo, isto é, de declaração de certeza jurídica.

E Didier Júnior (2015, p. 96):

> Não existe um princípio da celeridade. O processo não tem de ser rápido/ célere: o processo deve de-

morar o tempo necessário e adequado à solução do caso submetido ao órgão jurisdicional. Bem pensadas as coisas, conquistou-se, ao longo da história, um direito à demora na solução dos conflitos. A partir do momento em que se reconhece a existência de um direito fundamental ao devido processo, está-se reconhecendo, implicitamente, o direito de que a solução do caso deve cumprir, necessariamente, uma série de atos obrigatórios, que compõe o conteúdo mínimo desse direito. A exigência do contraditório, os direitos à produção de provas e aos recursos certamente atravancam a celeridade, mas são garantias que não podem ser desconsideradas ou minimizadas. É preciso fazer o alerta, para evitar discursos autoritários, que pregam a celeridade como valor. Os processos da Inquisição poderiam ser rápidos. Não parece, porém, que se sinta saudade deles.

Em sentido diametralmente oposto, não se almeja um processo lento, já que quem tem direito, tem sede de direito. O que se busca evitar é o famoso jargão: "ganhou, mas não levou". Por isso o grande desafio processualista é encontrar um equilíbrio entre tempo e processo. Nessa seara, acerta Carnelutti (1971, p. 176-178):

> *[...] la palabra tiempo se entiende ante todo como duración, esto es, como distancia entre el inicio y el fin ce um desarrollo y, por tanto, como necesidad de espera. El proceso dura; no se puede hacer todo de una vez. Es necesario tener paciencia. Se siembra, como hace el campesino, y hay que esperar pra reco-*

> *ger. Junto a la atención hay que colocar la paciencia entre las virtudes necesarias al juez y a las partes. Desgraciadamente éstas son impacientes por definición; impacientes como los enfermos, puesto que sufrem también ellas. Uno de los cometidos de los defensores es el de inspirarles la paciencia. El slogan de la justicia rápida y segura, que se encuentra siempre en las bocas de los políticos inexpertos, contiene, desgraciadamente, una contradicción in adiecto; si la justicia es segura no es rápida, si es rápida no es segura.*[2]

As palavras do citado mestre não poderiam refletir melhor a aparente contradição: se a justiça é segura, não é rápida; se é rápida não é segura. Há muito, o processo no Brasil tem se mostrado um instrumento de caráter lento e inábil a prestação de uma justiça célere e eficaz, todavia, ao aclamar o princípio da proteção judiciária em seu texto ori-

---

2 "A palavra tempo é entendida como duração, isto é, como a distância entre o início e fim num desenvolvimento e, portanto, como necessidade de espera. O processo dura; não se pode fazer tudo de uma vez. É necessário ter paciência. Se planta, assim fazem os camponeses, e há de se esperar para colher. Juntamente com a atenção deve colocar a paciência necessária entre as virtudes necessárias ao juiz e as partes. Infelizmente, eles são impacientes por definição; impaciente como os doentes, posto que sofrem também. Uma das tarefas dos defensores é inspirar paciência. O slogan de uma justiça rápida e segura, que sempre se encontra na boca dos políticos inexperientes, tem, infelizmente, uma contradição; se a justiça é segura não é rápida, se rápida não é segura" (Carnelutti,1971, p. 176-178, tradução nossa).

ginal, no inciso XXXV do art. 5º, a denominada Constituição Cidadã, procurou asseverar não o acesso meramente formal à Justiça, mas, sim, acesso substancial, que propiciasse uma tutela efetiva, adequada e, principalmente, tempestiva de direitos.

Como se não bastasse, a Emenda Constitucional nº 45, de 30 de dezembro de 2004, veio a corroborar os valores da celeridade processual, eis que acrescentou a determinação da duração razoável em processos administrativos e/ou judiciais no inciso LXXVIII do art. 5º, *in totum*:

> Art. 5º. LXXVIII – a todos, no âmbito judicial e administrativo, são assegurados a razoável duração do processo e os meios que garantam à celeridade de sua tramitação.

Nas lições de Nelson Nery Costa (2012, p. 211), a razoável duração do processo "é princípio previsto apenas no âmbito da legislação infraconstitucional de natureza processual, que deve sua constitucionalização por conta da exigência da sociedade brasileira, impaciente por uma justiça mais rápida".

Ambos dispositivos são contemplados pelo artigo 5º da Constituição Republicana, inserido no Título II (Dos Direitos e Garantias Fundamentais), Capítulo I (dos direitos e deveres individuais e coletivos), tratando-se, assim, de cláusulas pétreas, que são imutáveis pelo poder constituinte derivado, por força do parágrafo 4º do art. 60 da Constituição Cidadã:

> Art. 60. A Constituição poderá ser emendada mediante proposta:
> [...]

> § 4º Não será objeto de deliberação a proposta de emenda tendente a abolir:
> IV – os direitos e garantias individuais.

Argumento este reforçado por Costa (2012, p. 858) quando afirma que "não podem ser modificados os direitos e as garantias individuais previstos no art. 5º do texto constitucional, não podendo nenhum de seus incisos serem [*sic*] modificados".

E Antônio Adonias Aguiar Bastos (2006, p. 51-52):

> [...] o direito fundamental à duração razoável do processo, agora positivado no artigo 5º, LXXVIII, da Constituição Federal, não consiste em inovação jurídica, mas apenas legislativa.
> Referido direito já estava garantido no ordenamento jurídico brasileiro, através do artigo 5º, XXXV, da Carta Magna de 1988, além de constar expressamente no artigo 8, 1, da Convenção Americana de Direitos Humanos (Pacto de São José da Costa Rica), assinado pelo Brasil e em vigor no País desde 1992.
> Não obstante tal circunstância, o acréscimo do dispositivo ao texto constitucional é de grande relevância, porquanto deixa claro que o legislador quis evidenciar o direito ali descrito. Numa concepção moderna acerca do direito de ação, entendido como direito à ordem jurídica justa, não se pode mais conceber que o acesso à justiça corresponda somente ao ingresso em juízo.
> O problema que se põe atualmente é o de obter uma prestação jurisdicional qualificada, seja quanto ao

> tempo, seja no que toca à sua diferenciação/ especificidade. Removidos os obstáculos que outrora obstavam o ingresso em juízo (agora amplo e irrestrito), a preocupação passou a residir na saída do conflito do Judiciário.

Para Gonçalves (2012[a], p. 172-173) o dispositivo constitucional acrescentado revela a preocupação geral do legislador com uma das maiores dificuldades no funcionamento da justiça, qual seja, a demora no julgamento dos processos. Para ele, boa parte das alterações e acréscimos havidos na legislação processual, hodiernamente, tem por finalidade buscar uma solução mais rápida para os litígios. Tal princípio é dirigido, em primeiro lugar, ao legislador infraconstitucional, que deve criar leis que adiantem o andamento dos processos. Noutro lado, também impõe ao administrador, o dever de zelar pela manutenção adequada dos órgãos judiciários, aparelhando-os para dar efetividade à norma constitucional e, por fim, aos julgadores que, no exercício de suas atividades, devem diligenciar para que o processo caminhe para uma solução rápida.

Destaca-se que há, inclusive, relação direita entre o princípio da dignidade da pessoa humana com a prestação da tutela jurisdicional em tempo adequado, é como revela Pinho (2012[b], p. 150-151):

> O processo é o instrumento pelo qual o Estado confere jurisdição na solução de conflitos e isso deve ocorrer de maneira justa. Dentro desse modelo, surgiu no direito pátrio o chamado "processo justo" que, em linhas gerais, refere-se ao ideal de que o processo seja formado em consonância com os preceitos de digni-

dade da pessoa humana. Deve, portanto, respeitar o devido processo legal, nos seus seguimentos ampla defesa e contraditório, além das demais garantias fundamentais inerentes à pessoa humana, dentre os quais se encontram a igualdade, a publicidade dos atos judiciais e a duração do processo por um período de tempo razoável. Esses elementos devem ser rigorosamente resguardados quando da busca do jurisdicionado pela tutela dos direitos, que deve ser prestada por meio de uma jurisdição adequada.

E não foi somente a Carta Magna que revelou tamanha importância na prestação jurisdicional tempestiva. O Pacto de San José da Costa Rica de 1969, em seu artigo 8º, 1 (Garantias judiciais) ressalta:

> Toda pessoa tem o direito a ser ouvida com as devidas garantias e dentro de um prazo razoável, por um juiz ou tribunal competente independente e imparcial, estabelecido anteriormente por lei, na apuração de qualquer acusação penal formulada contra ela, ou para que se determinem os seus direitos ou obrigações de natureza civil, trabalhista, fiscal ou de qualquer outra natureza.

Tal pacto, do qual é signatário o Estado Brasileiro, por ocasião do julgamento do Recurso Extraordinário 466.343-1/São Paulo[3] no Supremo Tribunal Federal, passou a ter

3 A matéria discutida se referia sobre a legitimidade constitucional da prisão do devedor de alimentos e da prisão do depositário

status supralegal, ou seja, acima da legislação infraconstitucional e abaixo da norma constitucional, conforme salientou o Ministro Gilmar Mendes em seu voto na ocasião:

> [...] deixou de ter aplicabilidade diante do efeito paralisante desses tratados em relação à legislação infraconstitucional que disciplina a matéria [...]. Tendo em vista o caráter supralegal desses diplomas normativos internacionais, a legislação infraconstitucional posterior que com eles seja conflitante também tem sua eficácia paralisada. [...] Enfim, desde a adesão do Brasil, no ano de 1992, ao Pacto Internacional dos Direitos Civis e Políticos (art. 11) e à Convenção Americana sobre Direitos Humanos 'Pacto de San José da Costa Rica (art. 7º, 7), não há base legal para aplicação da parte final do art.5º, inciso LXVII, da Constituição, ou seja, para a prisão civil do depositário infiel. (RE 466343, Relator(a): Min. CEZAR PELUSO, Tribunal Pleno, julgado em 03/12/2008, DJe-104 DIVULG 04-06-2009 PUBLIC 05-06-2009 EMENT VOL-02363-06 PP-01106 RTJ VOL-00210-02 PP-00745 RDECTRAB v. 17, nº 186, 2010, p. 29-165).

O arcabouço da legislação constitucional, somado ao conjunto de normas supralegais,-demonstra a importância da duração razoável do processo, ou seja, de um processo capaz de prestar a tutela jurisdicional de maneira efetiva num

infiel, julgado pelo Tribunal Pleno em 03 de dezembro de 2008 e publicado no Diário da Justiça Eletrônico em 05 de junho de 2009.

período de tempo adequado. Essa tempestividade, portanto, é característica elementar do conceito de proteção judiciária, daí o almejo pelos doutrinadores, legisladores e, também, pela jurisprudência, de soluções jurídicas instantâneas.

Isso se deve, entre outras, às razões bem firmadas por Bedaque (2010, p. 21):

> Os litígios são em número muito superior à capacidade de absorção do Poder Judiciário – o que acaba comprometendo a tão almejada celeridade processual. Embora as estatísticas de que dispomos se limitem a apontar o volume de processos e a quantidade atribuída a cada juiz, ou a relação juiz/população, sem esclarecer a quantidade de teses repetidas, cujos processos muitas vezes são examinados pela assessoria, ainda assim é possível afirmar que a quantidade supera em muito a capacidade de absorção. Apesar de os números nem sempre significarem muita coisa, é notória a insuficiência estrutural do Poder Judiciário brasileiro.

Ademais, o formalismo demasiado não atendia aos reclamos por agilidade e eficiência na prestação da tutela jurisdicional. Chegou-se ao ponto de, em alguns julgados, fugindo totalmente da instrumentalidade do processo, solicitar procuração com poderes especiais para interpor Recurso Especial e Recurso Extraordinário, de tão acentuado o formalismo.

A inadequação do nosso sistema processual era evidente, não permitindo uma atuação prática satisfatória dos direitos. Restou aos operadores do direito utilizarem da criatividade, na procura de soluções alternativas para o problema, passando a valer-se da cautelar inominada para pedidos inegavelmente satisfativos.

Em seu manual de prática forense, Casella (2008, p. 98) assevera que antes da inclusão desse dispositivo no processo de conhecimento, era corriqueiro os julgadores, diante e um pedido de liminar em medida cautelar, afirmarem que a parte autora, na verdade, pretendia a antecipação da decisão.

Foi necessário trazer o conceito do Direito Italiano, que já previa em seu *Codice de Procedure Civile*, nos *provvedimenti d'urgenza*, o art. 700. Tal instituto foi inovação dos processualistas tradicionais italianos, desde Chiovenda, e suas indagações com a efetividade da justiça, até Calamandrei, alegando-se a uma decisão antecipada e provisória de mérito.

Com essa mesma intenção, a lição do Ministro Zavascki (1996, p. 147) descreve:

> Em outras palavras: o dever imposto ao indivíduo de submeter-se obrigatoriamente à jurisdição estatal não pode representar um castigo. Pelo contrário: deve ter como contrapartida necessária o dever do Estado de garantir a utilidade da sentença, a aptidão dela para garantir, em caso de vitória, a efetiva e prática concretização da tutela [...]. [...] O direito fundamental à efetividade do processo ¾ que se denomina também, genericamente, direito de acesso à justiça ou direito à ordem jurídica justa ¾ compreende, em suma, não apenas o direito de provocar a atuação do Estado, mas também e principalmente o de obter, em prazo adequado, uma decisão justa e com potencial de atuar eficazmente no plano dos fatos.

Eliana Calmon (2004, p. 37), com razão afirma que:

> Ao tempo em que garante o Estado o acesso ao aparelhamento destinado a aplicar autoritariamente a garantia, também há de preservar a efetividade e a qualidade da sua atuação.
> A efetividade está ligada ao tempo de entrega da garantia do direito reclamado. Com frequência, a celeridade na prestação jurisdicional é exigida para a sobrevivência do Direito. São os chamados direitos instantâneos que, quando agredidos, exigem imediata recomposição via instrumentos de urgência – antecipação de tutela ou liminares, sob pena de perecimento.
> Sem as tutelas de urgência de nada valeriam os direitos fundamentais, constitucionalmente garantidos, se o tempo, com o seu poder inexorável, consolidasse situação fática que os tornasse inócuos.
> Sem valor o aparato estatal, se a demora na mobilização do aparelho judicial levar à irreversibilidade o conflito.
> A solução efetiva deve ser oferecida em velocidade compatível com a realidade geradora do conflito.

Esse pensamento é corroborado por Cruz e Tucci (1997, p. 122-123):

> Partindo-se do pressuposto de que o fator tempo tornou-se um elemento determinante para garantir a efetividade da prestação jurisdicional, a técnica de cognição sumária delineia-se de crucial

importância para a ideia de um processo que espelhe a realidade sócio-jurídica a que se destina, cumprindo sua primordial vocação que é a de servir de instrumento à efetiva realização dos direitos.

Considerando esse binômio tempo-processo, na avidez de tornar o procedimento mais célere, em comissão presidida pelo saudoso Ministro Sálvio de Figueiredo Teixeira, o Código de Processo Civil de 1973 fora modificado para ratificar a tutela antecipatória, com o objetivo de impedir que a tardia prestação jurisdicional pudesse por em perigo o exercício do direito material tutelado, invertendo, dessa forma, o ônus do tempo do processo em desfavor do réu, quando normalmente ele acompanha o autor. Inspirados pela efetividade e agilização da entrega da tutela jurídica, o legislador seguiria a exata observação de Watanabe (1996, p. 30):

> O direito e o processo devem ser aderentes à realidade, de sorte que as normas jurídico-materiais que regem essas relações devem propiciar uma disciplina que responda adequadamente a esse ritmo de vida, criando os mecanismos de segurança e de proteção que reajam com agilidade e eficiência às agressões ou ameaças de ofensa. E, no plano processual, os direitos e pretensões materiais que resultam da incidência dessas normas materiais devem encontrar uma tutela rápida, adequada e ajustada ao mesmo compasso.

Bedaque (2003, p. 18) afirma que a necessidade de providências urgentes, visando diminuir os males decorrentes da demora sem justificativa na entrega do provimento judicial, constitui unanimidade entre os estudiosos da ciência processual. Aduz que não se pode aceitar que alguém tenha de aguardar às vezes dez anos para obter, pela via judicial, a satisfação de seu direito. Pois, quem procura a proteção estatal, ante a lesão ou a ameaça de lesão a um interesse juridicamente protegido, precisa de uma resposta tempestiva, apta a desenvolver, da forma mais ampla possível, a situação de vantagem a que faz jus.

Acerca do que afirma Bedaque, Ada Pellegrini Grinover (2005, p. 11) explica:

> O procedimento ordinário de cognição, tradicionalmente tomado como base e ponto central do ordenamento processual, foi sendo corroído por novas posturas, preocupadas com a efetividade da tutela jurisdicional e com um processo de resultados. [...] observou-se que o modelo tradicional de procedimento ordinário é inadequado para assegurar a tutela jurisdicional efetiva a todas as situações de vantagem. O procedimento ordinário de cognição não pode mais ser considerado técnica universal de solução de controvérsia, sendo necessário substituí-lo, na medida do possível e observados determinados pressupostos, por outras estruturas procedimentais, mais adequadas à espécie de direito material a ser tutelado e capazes de fazer face às situações de urgência.

Na mesma linha, Carneiro (2000, p. 4) aponta que:

> (a) buscando abreviar, embora mantida a cognição exauriente, a prolação da sentença de mérito com

> eficácia de coisa julgada material; que (b) através de técnicas de preservação provisória e temporária dos interesses daquele litigante que, tendo em seu favor uma aparência do bom direito, razoavelmente para invocar prejuízo grave decorrente da duração do processo.

E, de maneira complementar, Rogério Aguiar Munhoz Soares (2000, p. 147-156) aduz:

> [...] sumarizar o processo é comprimir o espectro de cognição judicial ou o iter procedimental, na tentativa de conformar-se o instrumento à demanda nele contida, ou de aparelhá-lo às eventuais necessidades de urgência que ocorram, podendo tal urgência ser desde logo valorada pelo legislador, como ocorre na tutela possessória, ou ser deixada à apreciação judicial, como no processo cautelar ou na antecipação de tutela em que haja fundado receio de dano irreparável ou de difícil reparação.

Diante dessa urgência, fez-se necessário abrandar os efeitos do tempo no processo:

> No intuito de abrandar os efeitos perniciosos do tempo do processo, o legislador instituiu uma importante técnica processual: a antecipação provisória dos efeitos finais da tutela definitiva, que permite o gozo antecipado e imediato dos efeitos próprios da tutela definitiva pretendida (seja satisfativa, seja cautelar).

> A principal finalidade da tutela provisória é abrandar os males do tempo e garantir a efetividade da jurisdição (os efeitos da tutela). Serve, então, para redistribuir, em homenagem ao princípio da igualdade, o ônus do tempo do processo, conforme célebre imagem de Luiz Guilherme Marinoni. Se é inexorável que o processo demore, é preciso que o peso do tempo seja repartido entre as partes, e não somente o demandante arque com ele. (DIDIER JÚNIOR; BRAGA; OLIVEIRA R., 2015, p. 567).

Quanto à apreciação da lide, é sempre bom mencionar as palavras de Marinoni (1993, p. 105-110) que assevera que a técnica de análise do processo visa à construção de tutelas jurisdicionais diferenciadas, ou seja, tutelas adequadas às diversas pretensões. Busca permitir a adequação do processo à ação de direito material. É que, levando-se em conta o pedido, torna-se possível concluir, através da adequação da cognição, qual a forma de provimento que é mais compatível. A cognição pode ter dois planos distintos: o horizontal, que diz respeito à extensão de conhecimento do juiz, e o vertical, que define a profundidade da cognição do julgador acerca da afirmação dos fatos.

A cognição no plano horizontal pode ser plena ou parcial, enquanto, no plano vertical, classifica-se em exauriente, sumária e superficial. É a do sentido vertical, que aqui nos interessa, já que está ligada à produção das provas necessárias ao conhecimento aprofundado do objeto em litígio. Em alguns casos, para a efetividade da tutela do direito, é necessário permitir ao juiz decidir com base apenas em um conhecimento menos aprofundado (cognição sumária ou superficial). Em se tratando de urgência, a efetividade da tutela jurisdicional é incompatível com o tempo necessário à produção de determinadas provas.

De igual forma, quando o direito pode ser evidenciado de pronto, embora não presente a nota de urgência, o tempo necessário para o reconhecimento definitivo da existência do direito afirmado em Juízo pode não se conciliar com a efetividade do processo.

Segundo Watanabe (2012, p. 131-135):

> Numa sistematização mais ampla, a cognição pode ser vista em dois planos distintos: horizontal (extensão, amplitude) e vertical (profundidade).
> No plano horizontal, a cognição tem por limite os elementos objetivos do processo estudados no capítulo precedente (trinômio: questões processuais, condições da ação e mérito, inclusive questões de mérito; para alguns: binômio, com exclusão das condições da ação; para Celso Neves: quadrinômio, distinguindo pressuposto dos supostos processuais). Nesse plano, a cognição pode ser plena ou limitada (ou parcial), segundo a extensão permitida.
> No plano vertical, a cognição pode ser classificada, segundo o grau de sua profundidade, em exauriente (completa) e sumária (incompleta).
> [...]
> e) o de cognição sumária ou superficial: em razão da urgência e do perigo de dano irreparável ou de difícil reparação, ou para a antecipação do provimento final, nos casos permitidos em lei, ou ainda em virtude da particular disciplina da lei material, faz-se suficiente a cognição superficial para a concessão da tutela reclamada;

Já nas ações sumárias cautelares e não cautelares a cognição é sumária ou superficial. Essa modalidade de cognição é a que o juiz realiza por ocasião das medidas liminares em geral, inclusive na antecipação da tutela prevista no art. 273 do Código de Processo Civil de 1973 (WATANABE, 2012, p. 141).

A tutela antecipada, no Código de Processo Civil de 1973, pressupõe, para a sua concessão, o preenchimento de requisitos positivos e negativos. Os positivos são previstos no *caput* do art. 273 (prova inequívoca e verossimilhança da alegação) e devem ser cumulados com um dos dois incisos: I – haja fundado receio de dano irreparável ou de difícil reparação, ou II – fique caracterizado o abuso de direito de defesa ou o manifesto propósito protelatório do réu. Já o negativo está insculpido no § 2º, que prevê a não concessão da tutela caso haja perigo de irreversibilidade do provimento antecipado.

1.2. Origem do instituto no direito brasileiro

Importante salientar que o direito processual brasileiro tem ascendência no direito romano, em virtude da forte presença deste no direito português que, por ocasião das ordenações afonsinas vigentes na época do descobrimento do Brasil, também influenciou nosso ordenamento pátrio (PAULA, 2002, p. 144).

Como demonstraremos a seguir, o instituto da antecipação da tutela teve origem no direito romano, pioneiro na criação de mecanismos que pudessem satisfazer de maneira célere as pretensões, com caráter de urgência, levadas ao judiciário, permitindo, assim, uma efetiva prestação jurisdicional.

Diante da morosidade da Justiça italiana, foi criada nova modalidade de tutela, chamada interdital ou *interdictum*, que se assemelha a uma forma de tutela de urgência de caráter satisfativo que se concretizava através de uma ordem emanada do *praetor*, um magistrado encarregado, na Roma antiga (356 a.C.), de aplicar a justiça.

Como consequência, podemos vislumbrar uma dualidade de sistemas no processo civil romano: num deles era possível obter de plano a ordem liminar, mormente porque envolvia direitos absolutos e, no outro, havia contraditório pleno, sem possibilidade de liminar, pois que envolvia direitos obrigacionais, como bem indica Bedaque (2003, p. 30):

> Estes [*interdictum*] consistiam em ordem emitida pelo magistrado, impondo certo comportamento a uma pessoa privada, a pedido de outra. Essa forma de tutela, emanada do poder de *imperium* do magistrado, abrangia a grande maioria das relações da vida envolvendo direitos absolutos. Já os direitos obrigacionais, versando indenização, eram amparadas pela *actio*, com juízo privado. Só a primeira admitia execução específica.
> No direito romano havia, portanto, dois sistemas de processo civil. Em um deles era possível a obtenção de ordem liminar, até sem a presença da parte contrária e mediante cognição sumária das afirmações do autor, se feitas conforme o édito. No outro havia pleno contraditório desde o primeiro momento, não era possível a emissão de mandado e a atividade cognitiva era privada.

No Brasil, onde também se destaca a morosidade processual, não foi diferente. Os operadores do Direito, deparando-se com o instrumento cautelar deficitário, que não abraçava os anseios na concretização da justiça, buscaram nas raízes do direito romano uma referência, desencadeando, na prática, uma série de medidas para suprir essa carência, o que fora recorrentemente defendida pela doutrina.

Não é correta a asserção segundo a qual a tutela antecipatória, baseada em uma percepção exauriente provisória, tenha sido primeiramente conjeturada em um momento recente da legislação processual pátria.

Decerto, simbolizam como exemplos: as liminares deferidas em ações possessórias (artigos 928 e 929 do Código de Processo Civil de 1973); a ação de nunciação de obra nova (artigo 937 do Código de Processo Civil de 1973); a ação de busca e apreensão de coisa vendida a crédito com reserva de domínio (artigo 1.071 do Código de Processo Civil de 1973); a ação de embargos de terceiros (artigo 1.051 do Código de Processo Civil de 1973); a ação de busca e apreensão de bem alienado fiduciariamente em garantia (artigo 3º do Decreto-Lei nº 911/69); a ação de mandado de segurança (artigo 7º, II da Lei nº 1.533/51); a ação de desapropriação (artigo 15 do Decreto-Lei nº 3.365/41); a ação popular (artigo 5º, § 4º da Lei nº 4.717/65); a ação civil pública (artigo 12 da Lei nº 7.347/85); as ações locatícias (artigo 59, § 1º e artigo 68, II ambos da Lei nº 8.245/91); a tutela específica da obrigação de fazer ou não fazer (artigo 84, § 3º da Lei nº 8.078/90).

Todavia, conforme analisa Watanabe (1996, p. 31), as ações que admitem tutela antecipatória, excluídas as ações coletivas de tutela de interesses transindividuais, as previstas no Código de Defesa do Consumidor e ação de mandado de segurança, privilegiam, basicamente, direitos patrimoniais, em especial, os de propriedade e de posse, deixando os direitos não patrimoniais descobertos de uma proteção jurisdicional correlata.

Percebe-se, portanto, que o legislador, inicialmente, preocupou-se apenas com medidas que conservassem o bem em litígio, dando origem aos procedimentos cautelares, previstos no Código de Processo Civil de 1973. No entanto, deixou-se de normatizar as prestações jurisdicionais de caráter satisfativo, não previstas no livro de procedimentos especiais do citado *codex*.

Desta forma, juízes e tribunais pátrios, se viam obrigados a se utilizar dos institutos oriundos do direito italiano, na tentativa de evitar que as decisões tardias se tornassem imprestáveis na prática.

Este impulso, aliado a um código de ritos antigo, datado de 1973, fez surgir, entre os estudiosos, um sentimento reformador, a fim de instituir um mecanismo que possibilitasse a prestação da tutela jurisdicional de forma tempestiva, fazendo frente às necessidades de uma sociedade cada vez mais dinâmica.

A redação do artigo 273 previa:

> Art. 273. O procedimento especial e o procedimento sumaríssimo regem-se pelas disposições que lhes são próprias, aplicando-se-lhes, subsidiariamente, as disposições gerais do procedimento ordinário.

No exercício do poder constituinte reformador, a comissão responsável, por intermédio da Lei nº 8.952, de 13 de dezembro de 1994, alterou por completo o quando disposto no artigo 273 do Código de Processo Civil de 1973:

> Art. 273. O juiz poderá, a requerimento da parte, antecipar, total ou parcialmente, os efeitos da tutela pretendida no pedido inicial, desde que, existindo

> prova inequívoca, se convença da verossimilhança da alegação e:
> I – haja fundado receio de dano irreparável ou de difícil reparação; ou
> II – fique caracterizado o abuso de direito de defesa ou o manifesto propósito protelatório do réu.
> § 1º. Na decisão que antecipar a tutela, o juiz indicará, de modo claro e preciso, as razões do seu convencimento.
> § 2º. Não se concederá a antecipação da tutela quando houver perigo de irreversibilidade do provimento antecipado.
> § 3º. A execução da tutela antecipada observará, no que couber, o disposto nos incisos II e III do art. 588.
> § 4º. A tutela antecipada poderá ser revogada ou modificada a qualquer tempo, em decisão fundamentada.
> § 5º. Concedida ou não a antecipação da tutela, prosseguirá o processo até final julgamento.

A mudança legislativa se revelou altamente proveitosa na prática, apresentando semelhança com os interditos romanos, principalmente ao prever o provimento, em favor do autor, logo no início do processo, desde que comprovados a verossimilhança da alegação e o perigo de dano.

No entanto, elas são materialmente diferenciadas, já que no direito romano, na ordem do *praetor*, o interdito tinha característica definitiva, quando incondicional, ao passo que o art. 273 do ordenamento brasileiro prevê o caráter provisório da medida, apresentando, inclusive, a existência de um requisito negativo para a concessão, certamente em virtude do princípio do contraditório.

Tempos depois, como forma de estabilizar o sucesso do instituto da antecipação de tutela, a Lei nº 10.444, de 07 de maio de 2002, acrescentou os parágrafos 6º e 7º no art. 273, além de alterar a redação do parágrafo 3º, com a redação final, *in verbis*:

> Art. 273. O juiz poderá, a requerimento da parte, antecipar, total ou parcialmente, os efeitos da tutela pretendida no pedido inicial, desde que, existindo prova inequívoca, se convença da verossimilhança da alegação e: (Redação dada pela Lei nº 8.952, de 13.12.1994)
> I – haja fundado receio de dano irreparável ou de difícil reparação; ou (Incluído pela Lei nº 8.952, de 13.12.1994)
> II – fique caracterizado o abuso de direito de defesa ou o manifesto propósito protelatório do réu. (Incluído pela Lei nº 8.952, de 13.12.1994)
> § 1º Na decisão que antecipar a tutela, o juiz indicará, de modo claro e preciso, as razões do seu convencimento. (Incluído pela Lei nº 8.952, de 13.12.1994)
> § 2º Não se concederá a antecipação da tutela quando houver perigo de irreversibilidade do provimento antecipado. (Incluído pela Lei nº 8.952, de 13.12.1994)
> § 3º A efetivação da tutela antecipada observará, no que couber e conforme sua natureza, as normas previstas nos arts. 588, 461, §§ 4º e 5º, e 461-A. (Redação dada pela Lei nº 10.444, de 7.5.2002)
> § 4º A tutela antecipada poderá ser revogada ou modificada a qualquer tempo, em decisão fundamentada. (Incluído pela Lei nº 8.952, de 13.12.1994)

> § 5º Concedida ou não a antecipação da tutela, prosseguirá o processo até final julgamento. (Incluído pela Lei nº 8.952, de 13.12.1994)
> § 6º A tutela antecipada também poderá ser concedida quando um ou mais dos pedidos cumulados, ou parcela deles, mostrar-se incontroverso. (Incluído pela Lei nº 10.444, de 7.5.2002)
> § 7º Se o autor, a título de antecipação de tutela, requerer providência de natureza cautelar, poderá o juiz, quando presentes os respectivos pressupostos, deferir a medida cautelar em caráter incidental do processo ajuizado. (Incluído pela Lei nº 10.444, de 7.5.2002)

Com essa alteração legislativa, garantiu-se a efetividade jurídica almejada pelo então movimento reformador. Nas palavras de Bueno (2006, p. 413):

> O que se vê disto, destarte, confirma aquilo que venho de expor: dependendo das necessidades concretas a tutela jurisdicional pode se transformar, seja qual for o nome que a isto se dê, para realizar sua missão constitucional: realizar, pronta e eficazmente, direitos; transformar em realidade os comandos jurisdicionais.
> Sumulo, de uma só vez, todos estes paradigmas para poder, finalmente, chegar ao destino anunciado: a efetivação da tutela antecipada – para me valer dos termos que o novel § 3º do art. 273 emprega – dá-se, de acordo com respeitável doutrina, de resto majoritária, como se mandamental ou executiva se tratasse esta espécie de tutela ou, quando me-

> nos, seus efeitos antecipáveis, deixando de lado o tradicional, histórico e usual binômio condenação/execução. Este abandono do tradicional binômio também encontra eco em outras situações, os alimentos, o mandado de segurança, no sequestro de bens ilicitamente incorporados por agentes acusados de improbidade administrativa e na alienação fiduciária.
> Em todos estes casos, talvez por uma combinação das diferentes eficácias que compõem cada uma das decisões jurisdicionais lá proferidas, realiza-se, concretamente, o direito do autor sem necessidade de se valer do tradicional, típico, processo de execução.

Mais adiante, em outra obra, Bueno (2012[c], p. 53-54) alega que a realização concreta de uma decisão interlocutória, que defere pedido de tutela antecipada ou que defere uma providência cautelar (dentro ou fora do chamado processo cautelar), merece também ser tratada como um caso de execução, de prática de atos jurisdicionais para a concretização da tutela jurisdicional executiva. Nesse sentido, aliás, é expresso o art. 273, § 3º do Código de Processo Civil de 1973, quando disciplina a efetivação da tutela antecipada. E se lá se refere à *efetivação* e não à *execução*, é porque o que se pretende é realizar concretamente um direito suficientemente reconhecido.

O mesmo doutrinador (BUENO, 2012[b], p. 569) ainda reforça que, mais hodiernamente, o legislador, crente na concretização no plano infraconstitucional do modelo, cuja demonstração voltou-se, em especial, o Capítulo I da Parte II do Código de Processo Civil de 1973, tem permitido que o próprio juiz, consoante variadas necessidades apuráveis em cada caso concreto, determine que os efeitos da tutela jurisdicional sejam observados antes do momento procedimental em que a própria lei, na normalidade dos casos, libera-os.

É o que se dá, de forma suficientemente ilustrativa, nas hipóteses previstas nos arts. 273, 461, § 3º, e 461-A, § 3º todos do Código de Processo Civil de 1973.

Montans de Sá e Freire (2012[d], p. 158) observam:

> Nos termos do art. 461, § 3º, é possível a concessão da tutela antecipada desde que preenchidos os requisitos específicos para sua concessão. A tutela antecipada referente a dinheiro está estabelecida no art. 273, CPC, que funciona como uma verdadeira regra geral para qualquer situação ensejadora de antecipação. A antecipação da tutela de coisa diversa de dinheiro (fazer, não fazer e entrega) é regulada pelo já referido art. 461, § 3º, com aplicação subsidiária do art. 273.

Tecnicamente, utiliza-se o termo *liminar* que, no sentido etimológico, vem do latim *in limine litis* e trata-se de um advérbio que concede a um substantivo a ideia de preambular ou inicial, não importando a natureza da medida, se cautelar ou satisfativa. Portanto, quando o juiz despacha o pedido inicial e se manifesta somente depois da contestação, concedendo ou não o pedido do autor, não se trata de liminar, mas sim, de despacho interlocutório.

É certo que o objeto do presente estudo, ainda que tenha havido equívocos por parte do próprio legislador (§§ 3º, 4º e 6º do art. 273 do Código de Processo Civil de 1973), na prática se reconhece pelo termo usual *tutela antecipada,* uma maneira mais simples de dar nome à *antecipação dos efeitos da tutela*, nomenclatura correta do instituto, considerando que este busca antecipar o provimento a ser obtido em eventual sentença.

Discussões acerca da nomenclatura talvez não sejam tão relevantes, já que o instituto da tutela antecipada tem um objetivo claro, que é buscar atender os interesses da parte frente a eventual demora no processo judicial. Decerto que esse movimento não foi exclusividade do direito romano e brasileiro. É o que veremos a seguir.

1.3. Breves observações no direito comparado

Quando realizada a introdução da tutela antecipatória no ordenamento brasileiro, os pressupostos que fundamentaram as alterações trazidas pelo legislador e pela doutrina, já não eram tão recentes, visto que a celeridade da justiça permaneceu, continuamente, um apelo dos jurisdicionados, peculiarmente nas sociedades hodiernas, nas quais as relações interpessoais e econômicas são marcadas pelo veloz desenvolvimento. Todavia, as soluções ofertadas às prestações jurisdicionais de urgência nem sempre se mostraram apropriadas e precisas em atender às questões fáticas que lhes eram expostas.

Theodoro Júnior (1997, p. 162) faz minuciosa análise desta evolução ao compulsar que:

> De início, lutava-se apenas pela preservação dos bens envolvidos no processo lento e demorado, afastando-os de eventual situação perigosa à sua conservação, para submetê-los, afinal, à sentença de forma útil para os litigantes. Com essa preocupa-

> ção construiu-se basicamente a teoria das medidas cautelares. Mas, ficava-se fora do campo demarcado para a tutela preventiva, um outro grave problema que era o da demora na prestação jurisdicional satisfativa, o qual em si mesmo, poderia configurar uma verdadeira sonegação da tutela jurisdicional assegurada entre as garantias fundamentais do moderno Estado Social de Direito.

Não obstante, um dos gargalos que gera todo esse atraso na prestação jurisdicional, é apontado por Bedaque (2003, p. 16) na figura do próprio Poder Executivo, que é o maior causador de processos, muitas vezes defendendo teses ilegítimas, nas quais insiste, mesmo quando já rejeitadas por diversas vezes em instâncias superiores.

Em Portugal, a influência do Direito Romano é patente e iniciou-se pelo fenômeno denominado "romanização", há cerca de 130 a.C., após a conquista do território lusitano por parte dos romanos (PAULA, 2002, p. 24).

Lá, as ações cautelares foram inicialmente inseridas no Código de Processo Civil Português de 1939, que tratavam, inclusive, sobre a tutela antecipatória, e permaneceram reguladas inteiramente no âmbito dos procedimentos cautelares, havendo certa equiparação das espécies de medidas que compartilhavam de um mesmo regime jurídico.

Tal condição se confirma no artigo 381º do Código de Processo Civil de Portugal de 1961, que disciplinava, em caráter único, sob a epígrafe de *providências cautelares*, todas as medidas destinadas a *assegurar a efetividade do direito ameaçado* quer sejam elas conservativas ou antecipatórias.

Nas palavras de Miguel Teixeira de Sousa (1997, p. 117): "a generalidade das providências cautelares só pode ser requerida se houver um fundado receito de que o réu cause lesão grave e dificilmente reparável ao direito do autor [...]".

Entendendo não serem suficientes tais requisitos para a decretação da medida, conclui, mais adiante, que há interesse processual se houver fundado receio de que o réu possa obstar, através de sua conduta, a utilidade prática de uma sentença favorável ao autor. Se esse interesse faltar, a providência não é decretada (SOUSA,1997, p. 117).

Cabe, no entanto, discorrer em breves apontamentos, acerca do atual Código de Processo Civil Português, aprovado em 26 de junho de 2013 por meio da Lei nº 41/2013, com vigência a contar de 1º de setembro de 2013, revogando o Código de Processo Civil Português de 1961 aprovado outrora pelo Decreto-lei nº 44.129, de 28 de dezembro de 1961.

O novo Código processual português, além de estímulos políticos, considerando necessidade de adaptação das leis após o ingresso da nação portuguesa na União Europeia, teve como motivação a morosidade da Justiça portuguesa, que era lenta e não atendia aos anseios da sua população. Ressalte-se, novamente, que não é atributo tão somente daquele judiciário.

Essa adaptação normativa visava estabelecer maior segurança jurídica, possibilitando a previsibilidade de decisões judiciais e rapidez das ações expropriatórias em favor de eventuais investidores ou credores. Por isso, um novo Código de Processo Civil Português era essencial, eis que, quando de sua promulgação (2013), Portugal passava por uma drástica situação econômico-financeira, principalmente após o governo do Partido Socialista José Sócrates Carvalho Pinto de Sousa que, ao final de seu mandato, se comprometeu perante a União Europeia e o Fundo Monetário Internacional, após submeter o país à reestruturação dos serviços públicos, privatizações, contingenciamento orçamentário e uma reforma processual.

A grande inovação nesse novo código está no dever de gestão processual, previsto no artigo 6º, que determina como diretriz ao juiz que preside o processo, a movimentação do feito de maneira célere, com determinados deveres de ofício, recusando atos meramente protelatórios de qualquer das partes e induzindo o magistrado a observar a instrumentalidade do processo, *in verbis*:

> Artigo 6º
> Dever de gestão processual
> 1 – Cumpre ao juiz, sem prejuízo do ónus de impulso especialmente imposto pela lei às partes, dirigir ativamente o processo e providenciar pelo seu andamento célere, promovendo oficiosamente as diligências necessárias ao normal prosseguimento da ação, recusando o que for impertinente ou meramente dilatório e, ouvidas as partes, adotando mecanismos de simplificação e agilização processual que garantam a justa composição do litígio em prazo razoável.
> 2 – O juiz providencia oficiosamente pelo suprimento da falta de pressupostos processuais suscetíveis de sanação, determinando a realização dos atos necessários à regularização da instância ou, quando a sanação dependa de ato que deva ser praticado pelas partes, convidando estas a praticá-lo.

Para Paulo Ramos de Faria e Ana Luísa Loureiro (2014, p. 56) a gestão processual "[...] é a direção ativa e dinâmica do processo, tendo em vista, quer a rápida e justa resolução do litígio, quer a melhor organização do trabalho do tribunal".

Não por menos, introduziu-se também o princípio da colaboração, no artigo 7º, tal como previsto no artigo 6º do Código de Processo Civil Brasileiro de 2015[4], no qual as partes e seus advogados, além do próprio juiz, devem cooperar entre si, a fim de que se consiga com maior eficácia e celeridade a resolução do litígio:

> Artigo 7º
> Princípio da cooperação
> 1 – Na condução e intervenção no processo, devem os magistrados, os mandatários judiciais e as próprias partes cooperar entre si, concorrendo para se obter, com brevidade e eficácia, a justa composição do litígio.
> 2 – O juiz pode, em qualquer altura do processo, ouvir as partes, seus representantes ou mandatários judiciais, convidando-os a fornecer os esclarecimentos sobre a matéria de facto ou de direito que se afigurem pertinentes e dando-se conhecimento à outra parte dos resultados da diligência.
> 3 – As pessoas referidas no número anterior são obrigadas a comparecer sempre que para isso forem notificadas e a prestar os esclarecimentos que lhes forem pedidos, sem prejuízo do disposto no nº 3 do artigo 417.

4 Breves apontamentos sobre o Novo Código de Processo Civil Brasileiro, de 2015, serão adiante delineados.

> 4 – Sempre que alguma das partes alegue justificadamente dificuldade séria em obter documento ou informação que condicione o eficaz exercício de faculdade ou o cumprimento de ónus ou dever processual, deve o juiz, sempre que possível, providenciar pela remoção do obstáculo.

Na própria busca pela celeridade, tentou-se combater, por meio de sanções, eventuais atos protelatórios, conforme se pode verificar com a simples leitura do artigo 530º, item 7, *a* e *c*:

> 7 – Para efeitos de condenação no pagamento de taxa de justiça, consideram-se de especial complexidade as ações e os procedimentos cautelares que:
> a) Contenham articulados ou alegações prolixas;
> c) Impliquem a audição de um elevado número de testemunhas, a análise de meios de prova complexos ou a realização de várias diligências de produção de prova morosas.

No Título IV, específico sobre o procedimento cautelar comum, busca-se a eficiência do Poder Judiciário Português, conforme se verifica na leitura do artigo 363º, item 2:

> 2 – Os procedimentos instaurados perante o tribunal competente devem ser decididos, em 1ª instância, no prazo máximo de dois meses ou, se o requerido não tiver sido citado, de 15 dias.

Tal dispositivo é justificável, como bem coloca Amaral (2013, p. 60), ao afirmar que "como já sabemos, os procedimentos cautelares revestem sempre carácter urgente".

Os citados dispositivos talvez pudessem inspirar o Direito Processual Brasileiro, servindo como instrumento de combate à morosidade processual, muitas vezes causadas por artimanhas utilizadas por muitos causídicos.

O Código de Processo Civil Português de 2013, regula no Capítulo I, Título IV os procedimentos cautelares, sejam eles satisfativos ou antecipatórios, preparatórios ou incidentais, o que nos lembra a fungibilidade dos atos processuais, observando a instrumentalidade do processo, que fora introduzida em nosso ordenamento, no § 7º do art. 273 do Código de Processo Civil de 1973 e aprimorada, no Código de Processo Civil Brasileiro de 2015, como veremos mais adiante, corroborando com o quanto disposto no artigo 362º, do Novo Código Português:

> Âmbito das providencias cautelares não especificadas
> 1 – Sempre que alguém mostre fundado receio de que outrem cause lesão grave e dificilmente reparável ao seu direito, pode requerer a providencia conservatória ou antecipatória concretamente adequada a assegurar a efetividade do direito ameaçado.
> 2 – O interesse do requerente pode fundar-se num direito já´ existente ou em direito emergente de decisão a proferir em ação constitutiva, já proposta ou a propor.
> 3 – Não são aplicáveis as providências referidas no nº 1 quando se pretenda acautelar o risco de lesão especialmente prevenido por alguma das providências tipificadas no capítulo seguinte.
> 4 – Não é admissível, na dependência da mesma causa, a repetição de providência que haja sido julgada injustificada ou tenha caducado.

Amaral (2013, p. 24) afirma que "podemos, portanto concluir que o preceito qualifica as providências cautelares, quanto à sua finalidade, em conservatórias e antecipatórias[5]" e dessa forma conclui o autor (AMARAL, 2013, p. 24):

> As providências conservatórias, como o próprio termo sugere, visam manter (conservar) a situação de facto anterior por forma a prevenir uma alteração que se antevê como prejudicial. Assim, são conservatórias o arresto, o arrolamento, o embargo de obra nova e a suspensão das deliberações sociais. Todas elas têm por finalidade manter a situação existente por forma a que o direito do requerente conserve a suscetibilidade de reintegração.
> As providências antecipatórias, como o termo também sugere, visam obstar a que se verifiquem prejuízos ocasionados pela demora da decisão definitiva, constituindo uma antecipação provisória dos efeitos dessa decisão. Têm, por outras palavras, caráter antecipatório dos efeitos da ação principal. Estão neste caso os alimentos provisórios, o arbitramento de reparação provisória e a restituição provisória da posse.

5 Alguns doutrinadores brasileiros, no entanto, divergem desse posicionamento, considerando que conservatórias e antecipatórias não são espécies do mesmo gênero, como veremos adiante. Entendem ser errado falar em cautelar satisfativa, seria o mesmo que falar em "gelo quente".

O nosso *fumus boni juris* e o *periculum in mora* equiparam-se à *prova sumária do direito antecipado* e *receio de lesão*, consignados no artigo 365º, item 1, do Código de Processo Civil Português de 2013, o qual também reservou espaço para a *astreinte*, a fim de dar maior coercibilidade aos poderes do magistrado:

> Artigo 365º
> Processamento
> 1 – Com a petição, o requerente oferece prova sumária do direito ameaçado e justifica o receio da lesão.
> 2 – É sempre admissível a fixação, nos termos da lei civil, da sanção pecuniária compulsória que se mostre adequada a assegurar a efetividade da providência decretada.
> 3 – omissis.

Interessante, para fins didáticos, é notar que há previsão expressa acerca da concessão *inaudita altera parte* da tutela:

> Artigo 366º
> Contraditório do requerido
> 1 – O tribunal ouve o requerido, exceto quando a audiência puser em risco sério o fim ou a eficácia da providência.

É evidente que essas breves anotações a respeito do Código de Processo Civil Português de 2013, não tem o intuito de esgotar o assunto, mas, de maneira complementar, é necessário destacar o quanto disposto nos itens 1 e 2 do artigo 368º, vejamos:

> Artigo 368º
> Deferimento e substituição da providência
> 1 – A providência é decretada desde que haja probabilidade séria da existência do direito e se mostre suficientemente fundado o receio da sua lesão.
> 2 – A providência pode, não obstante, ser recusada pelo tribunal quando o prejuízo dela resultante para o requerido exceda consideravelmente o dano que com ela o requerente pretende evitar.

Amaral (2013, p. 28) ressalta que, assim sendo, os artigos 365º, nº 1 e 368º, nº 1, serão suficientes "para que possa ser decretada a providência cautelar a probabilidade séria da existência do direito (sem a necessidade de alcançar um elevado grau de certeza) e que se mostre suficientemente fundado o receio da sua lesão", e depois chancela que "trata-se, portanto, de uma apreciação sumária – *summaria cognitio* – da existência do direito, contentando-se o juiz com a aparência desse mesmo direito – *fumus boni juris*".

Ainda, aqui, materializa-se a preocupação do legislador português com a proteção dos direitos em disputa – pretensão do requerente ou do requerido envolvidos na lide – sendo expressa a determinação para que o magistrado sopese os valores em jogo e, desta forma, caso a balança de direitos penda mais para o lado do autor, o provimento antecipado deve ser concedido, caso contrário, o provimento deve ser negado, favorecendo o requerido e, "ainda que a deliberação seja contrária à lei, aos estatutos ou ao contrato, o juiz pode deixar de suspendê-la, desde que o prejuízo resultante da suspensão seja superior ao que pode derivar da execução". (AMARAL, 2013, p. 41).

Essa é a consequência prática da manifestação do perigo da irreversibilidade dos efeitos do provimento antecipado, objeto do presente estudo.

Em virtude da complexidade da vida em um Estado de dimensões continentais, com diversidade de costumes, crenças e realidades, as contribuições desse direito alienígena para o direito brasileiro são de certa maneira restritas, mas ainda assim, são dignas de menção, assim como contribuições de demais países que iremos tratar.

Há de se mencionar, apenas a título de curiosidade, que a despeito da resistência dos portugueses, tratativas, que iniciaram há mais de século, para unificar a escrita da língua portuguesa nos locais em que este é o idioma oficial (Angola, Brasil, Cabo Verde, Guiné-Bissau, Moçambique, Portugal, São Tomé e Príncipe e Timor-Leste), resultaram no acordo ortográfico assinado em Lisboa, no dia 16 de dezembro de 1990,[6] e ratificado pelo Brasil e por Portugal, apenas no ano de 2008.[7]

---

6 Acordo Ortográfico da Língua Portuguesa [Em linha]. Brasília: Senado Federal, 2ª ed. 2014. [Consulta em 31 de agosto de 2015]. Disponível em: https://www2.senado.leg.br/bdsf/bitstream/handle/id/508145/000997415.pdf?sequence=1

7 No Brasil, o acordo foi ratificado pelo Decreto nº 6583/2008, [Em linha]. Brasília: 2008. [Consulta em 12 de julho de 2016]. Disponível em: http://www.planalto.gov.br/ccivil_03/_Ato2007-2010/2008/Decreto/D6583.htm
Em Portugal, o acordo foi ratificado pela Resolução da Assembleia da República nº 35/2008, [Em linha], Lisboa, 2008. [Consulta em 12 de junho de 2016]. Disponível em: https://dre.pt/application/dir/pdf1s/2008/07/14500/0480204803.pdf

Verifica-se a adesão do Código de Processo Civil Português de 2013 ao acordo, antes mesmo da data fatal de 13 de maio de 2015, já que palavras como *correcção*, *coactiva* e *acto*, estão previstas no código como *correção* no artigo 9º além de outros, *coativa* no art 10º e *ato* em pelo menos 486 (quatrocentos e oitenta e seis) vezes.

A palavra *facto* está prevista 287 (duzentos e oitenta e sete) vezes, no entanto esta permanece inalterada, em virtude da necessidade de dupla grafia, já que em Portugal a palavra *fato* significa duas ou mais peças de vestuário. Vejamos trecho dessa alteração no texto do acordo ortográfico de 1990:

> Base IV
> Das sequências consonânticas
> 1º O c, com valor de oclusiva velar, das sequências interiores cc (segundo c com valor de sibilante), cç e ct, e o p das sequências interiores pc (c com valor de sibilante), pç e pt, ora se conservam, ora se eliminam.
> Assim:
> a) Conservam-se nos casos em que são invariavelmente proferidos nas pronúncias cultas da língua: compacto, convicção, convicto, ficção, friccionar, pacto, pictural; adepto, apto, díptico, erupção, eucalipto, inepto, núpcias, rapto;
> b) Eliminam-se nos casos em que são invariavelmente mudos nas pronúncias cultas da língua: ação, acionar, afetivo, aflição, aflito, ato, coleção, coletivo, direção, diretor, exato, objeção; adoção, adotar, batizar, Egito, ótimo;
> c) Conservam-se ou eliminam-se facultativamente, quando se proferem numa pronúncia culta, quer

geral quer restritamente, ou então quando oscilam entre a prolação e o emudecimento: aspecto e aspeto, cacto e cato, caracteres e carateres, dicção e dição; facto e fato, sector e setor; ceptro e cetro, concepção e conceção, corrupto e corruto, recepção e receção;

Destacamos, também, que Piero Calamandrei (1936, apud SANTOS, 1999) ao redigir a obra *Introduzione allo studio sistematico dei provvedimenti cautelari,* classificou as medidas cautelares em assecuratórias da prova (v.g. a prova antecipada), assecuratórias de futura execução forçada (v.g. o sequestro conservativo e o sequestro judiciário), decisões provisórias antecipadas (v.g. a nunciação de obra nova e as possessórias), e execução provisória. Apesar de não abranger, explicitamente, uma providência antecipatória de percepção sumária, a prática processual italiana, a exemplo do precedente consubstanciado pelo caso Barzizza vs. Vannucci, viria admitir, através da medida cautelar atípica, um provimento satisfativo (PEREIRA, 1998, p. 18).

Similares razões compeliram legisladores de diversos outros países a examinarem minuciosamente a necessidade de uma nova disciplina à tutela de urgência. O direito francês, na mesma linha do direito Português e Italiano, passou a prever três modalidades de medidas provisórias: a) *mesures d'attente* (modalidade clássica de tutela cautelar), b) *mesures provisoires qui antecipent sur le jugement* (modalidade moderna de tutela antecipada que produzem resultados provisórios de satisfação imediata do direito do litigante); c) *mesures provisoires qui anticipent sur l'execution* (modalidade de tutela antecipada que permite ao juiz autorizar a provisória execução da sentença, antes de seu trânsito em julgado, sempre que considerá-la necessária, ainda que pendente de recurso) (THEODORO JÚNIOR, 1997).

O estatuto processual civil alemão, no mesmo plano, acolhe previsão de tutela antecipatória, ainda que contida no âmbito do processo de execução, consoante leciona Medina (1997, p. 26):

> [...] a doutrina separa os procedimentos urgentes em assecuratórios (cautelares) e de regramento (antecipação da tutela de mérito). Na primeira categoria, *Sicherungsverfügung*, estão as medidas previstas na ZPO § 935; na segunda espécie, das providências antecipatórias do mérito, estão as denominadas *Regelungsverfügung*, nelas incluídas as providências satisfativas e condenatórias, em sentido lato, *Befriedigungs-oder Leitsungverfügung*, previstas na ZPO, § 940.

O direito suíço, que teve como alicerce os ensinamentos de Habscheid, segundo afirma Theodoro Júnior (1996, p. 184), mantém muita semelhança com o direito alemão, prevendo medidas que visam o sucesso de uma execução forçada posterior (medidas cautelares tradicionais) e medidas que procuram manter a paz jurídica, trazendo uma solução jurídica mais próxima daquela que se formaria através de uma sentença final definitiva.

Já os países da *common law*, como não poderia deixar de ser, já que a preocupação com a tutela provisória constitui fenômeno mundial, passou também por grande evolução nesse campo, a partir de 1975. Entretanto, nestes países, não se faz diferença prática entre a tutela cautelar ou satisfativa, sendo ambas tratadas indistintamente, importando, apenas, a provisoriedade da medida, o que, por si só, já a distingue das medidas definitivas, como bem firmou Bedaque (2003, p. 59):

> Pouca ou nenhuma importância assume no sistema o caráter meramente conservativo ou antecipatório da medida. O que importa é a provisoriedade, elemento fundamental para distingui-la das medidas definitivas, destinadas a dar solução ao direito controvertido. E todas as medidas provisórias são tratadas indistintamente como cautelares.

Tal fato se deve à instrumentalidade do processo:

> Também se verifica a inexistência, como regra, de procedimento cautelar autônomo. Em princípio, as medidas dessa natureza integram o próprio procedimento ordinário, sem necessidade de instauração de relação processual distinta.
>
> Por fim, admite-se que tais medidas, em princípio provisórias, cautelares portanto, acabem assumindo caráter definitivo, com aptidão para representar a decisão final sobre o litígio. Isso porque as partes acabam se contentando com aquela solução inicial, que entendem como indicativo de como será a decisão definitiva. Na grande maioria dos casos, portanto não se chega ao *trial*.
>
> Essa última observação revela a absoluta despreocupação do legislador em distinguir tutela sumária cautelar de tutela sumária não cautelar. Toda tutela provisória é cautelar, o que não impede venha

> ela se tornar a solução final, se assim as partes o desejarem.
> Isso demonstra ser a maior importância conferida ao resultado do processo, devendo a técnica processual se adaptar às necessidades e especificidades do caso. Daí aceitar-se sem qualquer constrangimento a transformação em definitiva da tutela provisória, isto é, convolação da tutela cautelar em sentença de mérito. (BEDAQUE, 2003, p. 59-60)

O direito norte-americano, que adotou a *common law*, que nada mais é do que o direito baseado em precedentes, ou seja, que valoriza análise de casos concretos anteriormente julgados, diferente do direito brasileiro, de origem romana, que adotou a *civil law*,[8] cuja fonte adotada é a lei positivada (embora o Código de Processo Civil de 2015 adote também a ideia do uso de precedentes), igualmente abraça a possibilidade das *preliminary injunctions*, ainda que o processo naquele país, demande menos tempo em virtude de possuir estrutura mais enxuta que a nossa.

Em estudo realizado pela *American Bar Association*, a Ordem dos Advogados nos Estados Unidos, o tempo de duração dos processos nos tribunais de instância ordinária seriam de 12 (doze) meses, em 9 (nove) a cada 10 (dez) casos no âmbito cível, sendo que o restante, em decorrência de circunstâncias excepcionais, são resolvidos no dobro do tempo, em virtude da *speedy trial clause*, contemplada pela

---

8 Fredie Didier Júnior defende que a tradição jurídica brasileira corresponde nem ao *civil law* e nem ao *common law*, mas algo único, o *brazilian law* (DIDIER JÚNIOR, 2015, p. 60).

6ª Emenda da Constituição dos Estados Unidos, conforme preleciona José Rogério Cruz e Tucci (1997, p. 77-78).

Considerando, ainda, a particularidade da *common law* em contraposição à *civil law*, na qual os requisitos estão previstos legalmente, Denlow (2003, p. 497), em seu artigo, afirma que há extrema necessidade de uniformização, por parte da Suprema Corte Americana, para a concessão das *preliminary injunctions*, o que certamente favoreceria a segurança jurídica, considerando que as dezenas de cortes regionais têm, cada uma, requisitos próprios para a concessão de uma tutela preliminar. Ou seja, ainda que se trate de situações fáticas e de direito semelhantes, em determinadas cortes há maiores chances de conseguir um provimento antecipado do que em outras.

A proposição é corroborada por McCarthy (2010, p. 3), *in verbis:*

> *"The presumption followed by almost all courts is that if this fifth element is shown, then there is a presumption that the first element mentioned by the Supreme Court in Ebay is satisfied: irreparable injury[...]. The high court turned thumbs down on the federal circuit's belief that there was a "general rule", unique to patent cases, that a permanent injunction will always issue once validity and infringement were determined.*[9]*"*

9 "A presunção seguida por quase todos os tribunais é que se o quinto elemento é evidente, então há uma presunção de que o primeiro elemento mencionado pela Suprema Corte no Ebay está satisfeito: danos irreparáveis [...]. A elevada corte virou polegares para baixo

Dado que a norma é interpretada de forma diferente pelos vários tribunais de apelação, não há uniformidade na sua aplicação. No entanto, o que pode se verificar é que existe uma matriz de requisitos, podendo cada tribunal estipular mais ou menos requisitos. São requisitos mestres:

> 1) se o autor provavelmente terá sucesso sobre o mérito;
> 2) se resultaria em dano irreparável ao requerente caso a liminar não seja concedida;
> 3) sopesar eventuais prejuízos do autor e do réu caso a liminar seja concedida; e
> 4) se a liminar terá um impacto extra partes, quando figurado o interesse público.

Como se observa, o tribunal deve avaliar não só se haverá dano irreparável ao autor, caso não ocorra a antecipação dos efeitos da tutela, mas, também, se esta poderá causar prejuízos ao demandado, caso seja concedida. É necessário, então, que o tribunal sopese os eventuais danos causados tanto ao requerente como ao requerido, antes de deliberar quanto à antecipação da tutela, de modo a não privilegiar nenhuma das partes.

Em se tratando de uma análise sumária dos fatos e do direito do autor, é preciso verificar qual a probabilidade de manutenção dessa decisão na sentença de mérito. Havendo

---

na crença do circuito federal que há uma "regra geral", exclusiva para casos de patentes, que sempre se emitirá uma injunção quando forem determinadas a validade e violação" (MCCARTHY, 2010, p. 3, tradução nossa).

grandes chances para provimento do pleito em favor do autor, ainda que haja possíveis prejuízos ao demandado, a decisão antecipatória poderá se concedida. Do contrário, havendo dúvidas quanto à prevalência do direito do autor sobre o do réu, é interessante que não se conceda a liminar, já que é possível que esta, ao final, seja revertida.

Essa análise se assemelha a uma balança de danos, trazendo resultado equivalente ao do requisito negativo da antecipação dos efeitos da tutela pretendida, sopesando valores, tanto do direito do autor, como o direito do réu, a serem guarnecidos pela decisão judicial.

1.4. Consolidação da antecipação da tutela

A começar da tomada de consciência do processo como mal social e autêntico fenômeno de massa, que remonta a Franz Klein (apud OLIVEIRA C., 2003), seguidamente estimulada com a conquista dogmática da autonomia do direito processual civil e seu regresso às fontes do direito material, com o qual fatalmente interage dialeticamente, encontrou na ordem do dia o problema da efetividade do provimento antecipado.

Alinha-se a essa ordem de raciocínios a elaboração doutrinária em volta da tutela cautelar, com reflexos no que, em tempos atuais, convencionou-se denominar de tutela de urgência. Dentro dessa corrente evolutiva, a Lei nº 8.952 de 13 de dezembro de 1994, inseriu entre nós a chamada *antecipação da tutela* ou *antecipação dos efeitos da tutela pretendida*, muito embora, no uso cotidiano, venha sendo consagrada pela expressão *tutela antecipatória*.

Consoante preleciona Aragão (1996, p. 237), a finalidade da tutela antecipada é "proporcionar a quem ingressa em juízo uma providência imediata que, no todo ou em parte, atenda de pronto o mérito de sua pretensão. Não tem ela um escopo conservativo, nem toma o lugar das medidas cautelares que visam a esse objetivo, com elas não se confunde".

Menciona Carneiro (2000, p. 4) que a antecipação de tutela implica, pois, em superação do princípio da *nulla executio sine titulo* e da dicotomia *processo de conhecimento – processo de execução*, de raiz romanística que, embora tenha sólido arrimo doutrinário e lógico-formal, resulta, com frequência, em prêmio ao réu inadimplente e castigo ao autor que, embora guarnecido de segura aparência do bom direito, se via obrigado a suportar o ônus da demora processual.

Bedaque (2003, p. 19) enfoca, nesse sentido que:

> A proteção jurisdicional é predominantemente sancionatória, ou seja, só atua após a violação do direito [...]. Existe, todavia, categoria de direitos, sem conteúdo econômico imediato, tão ou até mais relevantes do que aqueles suscetíveis de conversão em valor monetário. Os direitos fundamentais da pessoa são exemplos típicos. Para estes, a tutela ressarcitória é ineficaz, revelando-se imprescindível a previsão de tutelas preventivas e/ou urgentes, destinadas que o dano se concretize ou se torne mais grave.

Confirma tal reflexão, Passos (1996, p. 191), aduzindo que "a antecipação de tutela, ora prevista no art. 273 do código, é, em verdade, medida pelo qual se empresta, provisoriamente, eficácia executiva à decisão de mérito normalmente desprovido desse efeito".

Bermudes (1995, p. 35), além disso, adiciona que o preceito veiculado pelo artigo 273, do Código de Processo Civil de 1973, consolida-se na cessão de uma prestação jurisdicional cognitiva, consistente na outorga adiantada da proteção que se busca no processo de conhecimento, a qual, verificados os pressupostos da lei, é anteposta ao momento procedimental próprio.

Por conseguinte, verifica-se que a tutela antecipatória pretende conceder ao demandante o exercício, ainda que em caráter provisório, do direito deduzido em juízo e os efeitos a ele inerentes, transpondo seu caráter satisfativo, uma vez que não constituem seus fins precípuos impedir o perecimento do direito postulado ou garantir o resultado útil do processo.

Em contrapeso, distingue Zavascki (1996, p. 151) duas hipóteses para a incidência da tutela antecipatória dispostas nos incisos I e II do artigo 273, quais sejam, a antecipação assecuratória e a antecipação punitiva:

> [...] antecipação assecuratória antecipa-se provisoriamente, a tutela pretendida pelo autor como meio de evitar que, no curso do processo, ocorra o perecimento do direito afirmado [...]; e a antecipação punitiva, que [...] embora não se trate propriamente de uma punição, posto que sua finalidade tem um sentido positivo (de prestar jurisdição sem protelações indevidas), a medida guarda semelhança, no que diz com as respectivas causas originantes, com as penalidades impostas a quem põe obstáculos à seriedade e à celeridade da função jurisdicional, previstas no Código de Processo Civil (v.g. arts. 15 e seu parágrafo, 538, parágrafo único, e 601). (grifo nosso).

Alvim (1996, p. 97-98) realiza semelhante observação ao afirmar que a hipótese do art. 273, I do Código de Processo Civil de 1973 é diferente dos casos em que se admite o julgamento antecipado, já que presente o risco da irreparabilidade ou da difícil reparação do dano que poderá destruir a pretensão do autor, caso tenha que aguardar o trânsito em julgado, o que inclui esperar a análise de diversos recursos que, em regra, têm efeito suspensivo, para só depois ter sua pretensão satisfeita. Nesse caso, existe a hipótese de uma urgência agônica, a qual justifica a procedência do pedido (se verossímil), total ou parcialmente, sob pena de se tornar inócua a procedência tardia.

Tal assertiva é complementada por Pinheiro (2011, p. 95) ao inferir que:

> [...] que a norma prevista no modelo constitucional é aquela que estabelece o direito a uma proteção tempestiva, decorrente do art. 5°, XXXV e LXXVIII, da Constituição Federal. Como meio de atingir tal finalidade, é fixado, no mesmo ordenamento, regramento de instituto (tutela antecipada do art. 273, I, do CPC) que encampa uma técnica (juízo provisório com base em cognição sumária) destinada a permitir a mitigação das consequências indesejadas da demora fisiológica do processo.

Em semelhante observação, Bedaque (2003, p. 322-323) afirma que o art. 273 do Código de Processo Civil de 1973, em seu inciso I, prevê hipótese de tutela jurisdicional com nítida função de assegurar o resultado útil do processo. A concessão depende, entre outros requisitos, da existência de risco para a efetividade da tutela jurisdicional. A urgência justifica a antecipação do provimento final. A regra tem finalidade preventiva de evitar o risco de dano. Não se trata, assim, de modalidade de tutela de urgência com caráter puramente aceleratório, cuja adoção leva em conta a natureza da relação material litigiosa.

Acerca da hipótese positivada pelo inciso II do artigo 273, o citado professor revela que esta não é evidenciadora de uma urgência, mas de outro elemento que revela ser injustificável uma defesa manifestamente sem fundamento, ou então, quando nos defrontamos com uma resistência ilegítima proteladora do resultado final, quando das próprias alegações e do comportamento do réu, isto é, tudo está a indicar que o autor tem razão. Nas palavras da doutrina:

> Na situação do inciso II do art. 273 a razão de ser da antecipação é completamente outra, não vinculada ao perigo concreto de dano. Aqui, a situação descrita revela a existência de postura assemelhada à litigância de má-fé já regulada pelos arts. 16 a 18 do Código de Processo Civil. De fato, a possibilidade de os efeitos serem antecipados em razão do comportamento assumido pelo réu, consistente em apresentar defesa despida de seriedade, não está ligada a perigo de dano concreto. Destina-se tão somente a agilizar o resultado do processo, pois o direito afirmado pelo autor é verossímil, circunstância que vem reforçada pela inconsistência dos argumentos utilizados pelo réu em sua resposta. Ou seja, a existência do direito é provável não só pelos argumentos deduzidos pelo autor, como por aqueles apresentados na defesa. Nesse caso, diante da forte probabilidade de que o direito exista e da

> ausência de seriedade da resposta, entendeu o legislador possibilidade a produção imediata de efeitos da tutela pleiteada, a fim de evitar dano maior para o autor, com a demora do processo. A postura incorreta do réu autoriza essa solução provisória, não se justificando seja o autor apenado com o retardamento indevido do provimento jurisdicional. (BEDAQUE, 2003, p. 326)

O pedido de antecipação dos efeitos da tutela cabe tanto no rito ordinário, como, igualmente, no rito sumário e sumaríssimo. Confirmando a possibilidade da antecipação da tutela também no rito sumaríssimo, leciona Gonçalves (2012[c], p. 788):

> Jamais o processo será extinto sem que, ao menos, se realize a tentativa de conciliação. É o que determina o art. 51, II, da Lei nº 9.099/95.[10]
> É possível que o autor peça tutela antecipada, cuja concessão depende dos requisitos do art. 273 do CPC, como no processo comum.

Na mesma linha, confirma Chimenti (2012, p. 175):

> Os princípios norteadores dessa lei [dos Juizados Especiais] (art. 2º), somados à previsão de ampla liberdade do juiz na apreciação das questões que lhe são submetidas (art. 6º), autorizam concluirmos pelo cabimento da tutela antecipada, genérica (art.

10 Lei que dispõe sobre os Juizados Especiais Cíveis e Criminais.

273 do CPC) e específica (art. 461, § 3º, do CPC), e também das liminares cautelares no Sistema dos Juizados Especiais.

Já no rito sumário, como diz Bueno (2012[a], p. 781), também não há óbice para que seja formulado pedido de *tutela antecipada* nos moldes do art. 273 ou art. 461, § 3º, ambos do Código de Processo Civil de 1973, devendo, neste caso, o autor demonstrar o cumprimento dos requisitos legais. Como a sumariedade do procedimento aqui analisado não guarda nenhuma relação com a cognição a ser desenvolvida pelo juiz com vistas ao proferimento de sua decisão final, pode se mostrar necessária a prestação de tutela jurisdicional antecipadamente em face das circunstâncias do caso analisado.

É cabível a antecipação da tutela inclusive para suprir eventual perda da possibilidade de utilização de liminar em procedimentos especiais,[11] como bem frisou Gonçalves (2012[c], p. 583):

> Não há grandes diferenças entre o procedimento especial das possessórias e o comum. O que os distingue é que só no primeiro o autor pode postular a liminar possessória, bastando que demonstre a violação da posse, ocorrida há até um ano e um dia. A lei prevê a possibilidade de o juiz designar uma audiência de justificação, antes de apreciar a liminar. Depois do prazo, o procedimento será

11 Mantida as distinções entre o provimento liminar do procedimento especial e a antecipação dos efeitos da tutela pretendida.

> ordinário. Nada impede a concessão, nas ações possessórias de força velha, de tutela antecipada, desde que preenchidos os requisitos do art. 273 do CPC. Em todos os processos de conhecimento existe essa possibilidade. Mas isso não desfaz as distinções entre as ações de procedimento especial e comum, porque os requisitos para a concessão da liminar possessória e da tutela antecipada são muito diferentes. A primeira se contenta com a demonstração da agressão, ocorrida há menos de ano e dia; a segunda exige a demonstração dos requisitos do art. 273, que são muito mais numerosos e complexos.

O processo, ainda que para alguns seja um mal social, é instrumento necessário para a efetivação de direitos, sendo a antecipação dos efeitos da tutela pretendida meio para minimizar os efeitos indesejáveis do processo, em todos os seus ritos, tamanha é a importância da efetivação de direitos que não podem esperar.

1.5. Antecipação dos efeitos da tutela pretendida, tutela cautelar e julgamento antecipado da lide

Diante da exposição feita, podem ser indicados traços apropriados que diferenciam a tutela antecipatória, marcada, essencialmente, por um caráter satisfativo, do processo cautelar, cujo fim consiste em obter segurança para que se torne útil e possível a prestação jurisdicional de conhecimento ou de execução (GALENO, 1981, p. 15). Em um profundo exame, Alvim (1996, p. 105) arrola os principais pontos distintivos entre estes dois instrumentos processuais:

1º) na cautelar típica o juiz não deve conceder o pedido (do processo principal) propriamente dito; e nas cautelares atípicas, ainda que precisamente possa haver coincidência (entre o efeito da concessão da cautelar atípica e o da sentença que acolhe o pedido do processo principal) o pedido que será concedido terá sido, sempre formulado no âmbito do processo cautelar e, como tal, na tutela antecipatória, o juiz concederá o pedido propriamente dito; 2º) na cautelar, o *fumus boni iuris* é examinado por uma ótica indireta (e não aprofundadamente) ou seja, é esse referida na cautelar, mas a sua existência está ou virá a estar no processo principal; na tutela antecipatória o juiz examina o direito pleiteado no próprio processo e, portanto, de uma maneira direta; 3º) os fatos que se reputam verdadeiros, para a concessão da medida cautelar (art. 803), são os do procedimento cautelar propriamente dito (o que envolve um assentimento à juridicidade da pretensão = *fumus boni iuris*) e àqueles fatos em que se configura o *fumus boni iuris* atribui-se apenas verossimilhança, vale dizer, admite-se que possa existir o direito da principal, meramente como hipótese possível; na tutela antecipatória são os próprios fatos constitutivos do direito do autor que são havidos por verossímeis, sendo que se este convencimento se alterar por fato novo, o juiz, uma vez solicitado deverá revogar ou modificar a sua decisão; 4º) a cognição do juiz, nas medidas cautelares é sumária (pela carência de material existente, normalmente, e não por deficiência do sujeito cognoscente), ao passo que na tutela antecipatória o juiz

> deverá exaustivamente examinar a prova, para se convencer da verossimilhança, exatamente porque a tutela antecipatória envolve a procedência do pedido; 5º) as medidas cautelares são marcadas pela ideia-função de serem instrumentos do processo principal [...].

Bedaque (2003, p. 303-304), em sua obra, cuja parte do nome é sugestiva – *Tentativa de sistematização* –, entende que, no tocante à antecipação determinada pelo perigo de inutilidade da providência final, estão presentes todas as circunstâncias que caracterizam a tutela cautelar. Nem o caráter satisfativo constitui entrave à natureza cautelar dessa hipótese de antecipação. Embora haja certa coincidência entre os efeitos dessa tutela e aqueles inerentes à providência definitiva, a provisoriedade constitui o aspecto distintivo entre elas.

Pode haver sobreposição prática de eficácia, mas não identidade de objetos. Na tutela satisfativa final pretende-se a solução definitiva da controvérsia, bem como que se tornem definitivos os efeitos antecipados provisoriamente. Por isso é que a tutela antecipada precipita no tempo o possível resultado final e definitivo do processo, que deverá prosseguir até que este seja alcançado.

O Desembargador aposentado do Tribunal de Justiça do Rio Grande do Sul, oriundo da classe dos advogados e também professor, Araken de Assis (2000, p. 33), ensina que ora as tutelas sumárias satisfazem, ora apenas asseguram o direito. Para ele, satisfazer é realizar o direito concretamente. Como exemplos, aponta que os alimentos provisionais deferidos satisfazem as necessidades do alimentário, embora não se declare a existência da obrigação alimentar.

Já no caso de sequestro da coisa litigiosa, tendo por base o fato de que o demandado da ação reintegratória passou a danificá-la, apenas assegura o direito do autor, já que mantém a coisa à disposição de qualquer das partes e na posse de um depositário, distinguindo-se, neste particular, da liminar que reintegra autor na posse do bem, materializando o direito de posse do demandante.

Nos dois exemplos, o magistrado atuará na função litisreguladora, entretanto, de modo diverso em cada um: determinando o sequestro do bem, a nenhum dos litigantes satisfez no mundo dos fatos; reintegrando, satisfez o autor, ainda que temporariamente, já que poderá no curso do processo ou na sentença, restituir a coisa ao réu. Enquanto o autor se mantiver reintegrado na posse da coisa litigiosa, desfrutando-a livremente, vai satisfazendo seu direito.

Essa tênue linha de diferenciação encontra-se evidenciada na obra de Didier Júnior, Braga e Oliveira R. (2015, p. 561-562):

> A tutela jurisdicional oferecida pelo Estado-juiz pode ser definitiva ou provisória [...]. A tutela provisória é a tutela que se pretende definitiva concedida após cognição sumária.
>
> A tutela definitiva é aquela obtida com base em cognição exauriente, com profundo debate acerca do objeto da decisão, garantindo-se o devido processo legal, o contraditório e a ampla defesa. É predisposta a produzir resultados imutáveis, cristalizados pela coisa julgada. É espécie de tutela que prestigia, sobretudo, a segurança jurídica.
>
> A tutela definitiva pode ser satisfativa ou cautelar.

> A tutela definitiva satisfativa é aquela que visa certificar e/ou efetivar o direito material. Predispõe-se à satisfação de um direito material com a entrega do bem da vida almejado. É a chamada tutela-padrão.
> Há dois diferentes tipos de tutela definitiva satisfativa: a tutela de certificação de direitos (declaratória, constitutiva e condenatória) e a tutela de efetivação dos direitos (tutela executiva, em sentido amplo).
> As atividades processuais necessárias para a obtenção de uma tutela satisfativa (a tutela-padrão) podem ser demoradas, o que coloca em risco a própria realização do direito afirmado. Surge o chamado perigo da demora (periculum in mora) da prestação jurisdicional.
> Em razão disso, há a tutela definitiva não-satisfativa, de cunho assecuratório, para conservar o direito afirmado e, com isso, neutralizar os efeitos maléficos do tempo: a tutela cautelar.
> A tutela cautelar não visa à satisfação de um direito (ressalvado, obviamente, o próprio direito à cautela), mas, sim, a assegurar a sua futura satisfação, protegendo-o.

Para Montans de Sá e Freire (2012[a], p. 54-55):

> A tutela antecipada e a tutela cautelar são espécies de um mesmo gênero, mas a tutela antecipada é satisfativa (satisfaz o direito para assegurar o resultado do provimento final), enquanto a tutela cautelar é conservativa (conserva o estado inicial de coisas, pessoas ou provas, para assegurar o re-

> sultado de algum provimento, sem, contudo, satisfazer o direito).

E Greco Filho (2012, p. 319-320):

> A instituição no Código da antecipação da tutela provocou a melhor compreensão de ambos os institutos: a execução antecipada e a providência cautelar. A despeito de, na efetivação prática, ambas poderem ser iguais, na essência são substancialmente diferentes. Na tutela antecipada concedem-se efeitos que seriam produzidos pelo cumprimento da sentença, ou seja, antecipam-se efeitos que a sentença teria na fase executiva; na cautelar, a providência é protetiva de bens jurídicos, para que possam ser entregues íntegros, se possível, a quem tem razão, mesmo que a providência seja diferente das que futuramente serão concedidas por força da sentença, como, por exemplo, a proteção do próprio processo.

Portanto, pode-se dizer que a cautelar tem função assecuratória, pois pretende garantir que eventual decisão ulterior tenha viabilidade prática, já a antecipação de tutela de urgência, busca adiantar a decisão que certamente tem grande probabilidade de ser favorável ao autor.

Exemplificando:

> [...] o arresto de dinheiro do devedor inadimplente é instrumento assecuratório do direito de crédito do credor. O direito de crédito é o direito acautelado; o direito à cautela é o direito à utilização de um

> instrumento processual que assegure o direito de crédito.
> A tutela cautelar é, ainda, temporária, por ter sua eficácia limitada no tempo. A tutela cautelar dura o tempo necessário para a preservação a que se propõe. Cumprida sua função acautelatória, perde a eficácia. Além disso, tende a extinguir-se com a obtenção da tutela satisfativa definitiva – isto é, com a resolução da demanda principal em que se discute e/ou se efetiva o direito acautelado. Por exemplo: satisfeito o direito de crédito, perde a eficácia a cautela de bloqueio de valores do devedor insolvente. (DIDIER JÚNIOR; BRAGA; OLIVEIRA R., 2015, p. 563)

Ambos os institutos têm requisitos comuns para a sua concessão, qual sejam, a fumaça do bom direito e o perigo da demora. No entanto, há na tutela antecipada um requisito próprio a mais: a reversibilidade dos efeitos da tutela concedida. Dessa forma, discordamos de Amendoeira Júnior (2012, p. 766) que afirma que:

> [...] a tutela antecipada e a tutela cautelar comungam no inciso I do art. 273 do CPC e art. 798 do mesmo diploma dos mesmos requisitos, quais sejam fumus boni iuris e periculum in mora. Entendemos que não há que exigir requisitos mais contundentes quando diante de tutela antecipada (isso porque a confusa expressão "prova inequívoca da verossimilhança" do art. 273, I, deve ser lida nos mesmos moldes de "fundado receio" do art. 798, isto é, ambas constituem a plausibilidade das alegações para a concessão da medida.

No provimento satisfativo, a parte goza do bem enquanto, no cautelar, busca-se preservar o bem que é objeto da lide. Ocorre que esse adiantamento de decisão não coincide, de maneira alguma, com a hipótese disciplinada pelo artigo 330 do Código de Processo Civil de 1973, reproduzido pelo no artigo 355 do Código de Processo Civil de 2015, que versa acerca do Julgamento Antecipado da Lide, que segundo Carneiro (2000, p. 3) será realizado caso se torne desnecessária a fase instrutória em audiência por ater-se a questão de mérito unicamente ao direito ou, sendo de direito e de fato, a cognição já se mostrar exauriente pelo exame da prova documental e, ainda, se houver revelia.

Ao examinar estes institutos Watanabe (1996, p. 38) entende que:

> A tutela antecipatória baseia-se em cognição sumária e consiste em antecipar provisoriamente alguns ou todos os efeitos do provimento postulado pela parte. Enquanto o julgamento antecipado da lide é definitivo e deve embasar-se em cognição plena e exauriente (se outra não for a cognição reclamada pelo tipo de ação). Mesmo na antecipação de tutela com base no inciso II, o deferimento da tutela antecipada, em vez do julgamento final, que às vezes depende de atos probatórios ou outras providências, traz ao autor a vantagem da execução imediata do provimento adiantado, o que, dependendo dos efeitos do recurso cabível contra a sentença final, não poderá ser alcançado pelo demandante.

Bueno (2012[a], p. 435-437) faz parametrização entre julgamento antecipado da lide e antecipação dos efeitos da tutela, não sobre os institutos em si, mas aponta a diferença entre eles no que concerne a sua efetividade. Vejamos:

> Importa, ainda que brevemente, tecer algumas considerações para distinguir o instituto sobre o qual se volta este número, o "julgamento antecipado da lide", disciplinado pelo art. 331, com outro, totalmente diverso, que é o da antecipação da tutela jurisdicional ou, "tutela antecipada", que encontra no art. 273 sua norma nuclear. O julgamento antecipado da lide é técnica expressamente adotada pelo Código de Processo Civil para admitir que o juiz, independentemente da provocação das partes, possa acolher ou rejeitar o pedido do autor independentemente da realização de outras provas além daquelas eventualmente já produzidas pelo autor e pelo réu e tidas como suficientes para a formação de sua convicção. Trata-se de mecanismo que torna desnecessária a "fase instrutória", tal qual apresentada pela Parte IV, permitindo ao juiz proferir sentença favorável ou desfavorável ao autor, é dizer, ingressar na "fase decisória". Uma vez proferida a sentença, a produção de seus efeitos, isto é, a efetiva tutela jurisdicional concedida para o autor ou para o réu (v. nº 8.5 do Capítulo 1 da Parte III do vol. 1) depende, por definição, do segmento recursal que ela, a sentença, desafia. A regra do Código de Processo Civil é que a sentença, quando recorrida, não produza efeitos (art. 520, caput). A "tutela antecipada", diferentemente, é técnica admitida pelo Código de Processo Civil que permite ao juiz, consoante a presença de específicos pressupostos exigidos pelo

> art. 273, acolher, total ou parcialmente, o pedido de tutela jurisdicional emprestando-lhe efeitos concretos, externos ao processo, desde logo e independentemente da interposição de qualquer recurso. Não se trata, portanto, de permitir só o proferimento de decisão favorável a uma das partes mas, muito mais do que isto, de permitir que os efeitos desta decisão sejam sentidos desde logo, que possam, por isso mesmo, tutelar antecipadamente o autor, que formulou, com sua inicial, o pedido de tutela jurisdicional. Não fosse pelo instituto, o autor até poderia ter decisão jurisdicional proferida em seu favor, mas não os seus efeitos práticos. Tanto assim que ambas são realidades perfeitamente utilizáveis concomitantemente no processo. A circunstância de o juiz ver-se diante dos pressupostos que o conduzem ao "julgamento antecipado da lide" (art. 330, I ou II) não inibe que, diante dos pressupostos do art. 273, também conceda a "tutela antecipada" ou, mais tecnicamente, que também autorize que os efeitos práticos, externos ao plano do processo, daquele julgamento sejam sentidos desde logo, independentemente de eventual recurso interposto pelo réu.

Montans de Sá e Freire (2012*b*, p. 133-134) se debruçam sobre o julgamento antecipado da lide e afirmam que:

> Julgamento antecipado da lide (mérito) (CPC, art. 330) – o julgamento antecipado da lide é um fenômeno criado no ordenamento para permitir a imediata prolação de sentença quando o processo

> reunir condições para tanto, ou seja, constitui decisão dada em cognição exauriente como técnica para abreviar o procedimento.
> Desta feita é equívoca a expressão "julgamento antecipado", pois se presume que haveria outro momento [ideal] para que o julgamento fosse realizado. Não é verdade. Se o magistrado constatou a desnecessidade de dilação probatória é porque esse é o momento adequado, e não outro.
> É fundamental que o magistrado comunique às partes sobre o julgamento antecipado para que estas possam, antes da sentença, manifestar-se.
> Não se pode julgar antecipadamente a lide sob o argumento de que o autor não fez prova de suas alegações. Para que haja julgamento antecipado da lide, é necessário que o fato esteja provado.
> Existem três situações de julgamento antecipado da lide:
> 1ª) quando a matéria discutida for unicamente de direito (a despeito de ser difícil existir matéria unicamente de direito, pois não há causa sem fatos);
> 2ª) quando a matéria discutida for de direito e de fato, mas não houver necessidade de provas em instrução;
> 3ª) quando ocorrer revelia (evidentemente nos casos em que se constatar a desnecessidade de prova).

Portanto, nesse sentido, antecipação de tutela é conceder o direito pleiteado na inicial antes do tempo devido, inclusive com força executiva, com supedâneo no parágrafo 3º, devendo o juiz, para essa a concessão, seguir os parâmetros da regra processual. No entanto, todo o caminho processual ainda vai ser percorrido, independente da confirmação, pelo juiz, da antecipação da tutela quando do proferimento da sentença.

Trata-se de um pré-julgamento no qual o magistrado reconhece o direito do autor, ainda que provisoriamente (já que esta decisão pode ser revertida), até que se torne definitiva em sede de sentença de mérito. Diferente da decisão cautelar, que é temporária, eis que não concede o direito pleiteado, tão somente assegura a sua discussão futura, no caso da cautelar preparatória, ou atual, no caso de cautelar incidental.

Apesar de visível essa diferença, ainda permaneceram dúvidas acerca das hipóteses de cabimento de cada uma delas, gerando equívocos e confusão pelos operadores do direito na hora da escolha entre o pedido de tutela antecipada ou propositura de ação cautelar. Fato esse que só foi resolvido com o advento da Lei nº 10.444 de 2002, que permitiu a fungibilidade entre os institutos, dando maior praticidade ao processo. Vejamos:

> Art. 273. [...] § 7º Se o autor, a título de antecipação de tutela, requerer providência de natureza cautelar, poderá o juiz, quando presentes os respectivos pressupostos, deferir a medida cautelar em caráter incidental do processo ajuizado.

Entretanto, nova dúvida surgiu já que o texto legal previa apenas a possibilidade de converter o pedido de tutela antecipada em medida cautelar, não havendo previsão para decisão inversa (receber a medida cautelar como tutela antecipada). Coube à melhor doutrina firmar entendimento pela possibilidade da fungibilidade em via de mão dupla, em função da instrumentalidade do processo, cujo objetivo é dirimir o conflito, com apreciação do direito material.

Dentre vários estudiosos que defendem a via de mão dupla, Bueno (2007, p. 247) afirma:

> É importante que se dê ampla aplicação ao § 7º do art. 273 do Código de Processo Civil, admitindo-se tutela cautelar por tutela antecipada e tutela antecipada por tutela cautelar, desde que presentes os pressupostos próprios, abrindo-se oportunidade ao autor para que proceda às emendas e às correções necessárias e pertinentes (interpretação ampla do art. 284 do Código de Processo Civil) para que o direito ameaçado que se narra (e se demonstra suficientemente comprovado) na petição inicial da ação rescisória seja tutelado adequadamente. Seja para enfatizar sua salvaguarda presente para fruição futura, seja para admitir sua fruição imediata, "antecipada", a concessão de uma "tutela pela outra", às vezes é a única forma de tutelar adequadamente um direito que se afirma e se comprova, mesmo que provisoriamente.

Outrossim, afirma Greco Filho (2012, p. 320) que:

> Para evitar esse tipo de discussão, o Código prevê a fungibilidade do requerimento de tutela antecipada em face da cautelar. Se requerida tutela antecipada mas a providência adequada é cautelar, o juiz poderá conceder esta, em caráter incidental do processo principal. Apesar de a lei não dizer, a recíproca é verdadeira, ou seja, requerida cautelar, se o caso for de tutela antecipada, poderá ser concedida esta dentro do mesmo processo. O intuito

é evitar a multiplicação de processos e discussões protelatórias.

Pinho (2012[a], p. 538), bem aponta que:

> Embora o legislador refira-se apenas à possibilidade de substituição da tutela antecipada por cautelar, não pode haver dúvida, sob pena de comprometer a efetividade almejada pela reforma processual, de que a fungibilidade opera nas duas direções, sendo possível conceder tutela antecipada em lugar de cautelar. Isso porque, em direito, não há fungibilidade em uma só mão de direção. Se os bens são fungíveis, tanto se pode substituir um por outro, como outro por um, caracterizando o fenômeno denominado do duplo sentido vetorial.

Pensamento delineado por Dias (2014, p. 80) ao afirmar categoricamente que se duas coisas são fungíveis, não há como se admitir uma pela outra, sem a possibilidade de se admitir o inverso e conclui como correta a fungibilidade de mão dupla.

Tal discussão entre tutela cautelar ou satisfativa, no Código de Processo Civil de 2015, vigente desde março deste ano, torna-se inócua, pelo menos no que se refere aos dispositivos legais a serem aplicados, eis que o citado *codex* regula os dois institutos da mesma maneira, no art. 294 e seguintes, sobre os quais nos debruçaremos em tópico próprio.

Já no que tange ao julgamento antecipado da lide, entendemos que este indica que há cognição exauriente, sendo desnecessário prosseguir com a dilação probatória, considerando os documentos já presentes nos autos suficientes para firmar o convencimento do juízo. Para Didier Júnior (2015, p. 688):

> O julgamento antecipado é uma decisão de mérito, fundada em cognição exauriente, proferida após a fase de saneamento do processo, em que o magistrado reconhece a desnecessidade de produção de mais provas em audiência de instrução e julgamento (provas orais, perícia e inspeção judicial). "O juiz julgará antecipadamente o pedido, proferindo sentença com resolução de mérito", diz o caput do art. 355[12] do CPC.
> O juiz, no caso, entende ser possível proferir decisão de mérito apenas com base na prova documental produzida pelas partes. O julgamento antecipado do mérito é, por isso, uma técnica de abreviamento do processo. É a manifestação do princípio da adaptabilidade do procedimento, pois o magistrado, diante de peculiaridades da causa, encurta o procedimento, dispensando a realização de toda uma fase do processo. É bom frisar que o adjetivo "antecipado" justifica-se exatamente pelo fato de o procedimento ter sido abreviado, tendo em vistas particularidades do caso concreto.

Infere-se pelos ensinamentos de Didier, portanto, que não houve qualquer mudança no julgamento antecipado da lide, por ocasião do Código de Processo Civil de 2015. Ressalte-se que em determinados casos, a sentença, diferen-

12 Trata-se de artigo do Novo Código de Processo Civil de 2015.

temente da antecipação de tutela, ainda não tem força executiva em virtude dos efeitos automáticos de alguns recursos.

Passaremos agora a analisar os requisitos para a concessão da tutela antecipada, ponderando acerca da aplicabilidade de cada um deles e suas consequências.

Capítulo 2

Requisitos para concessão da tutela antecipada

2.1. Prova inequívoca

Determina o *caput* do artigo 273 do Código de Processo Civil de 1973, independente se o fundamento da providência judicial estiver no inciso I ou II do artigo, que a antecipação de tutela seja concedida apenas se comprovada a existência de prova inequívoca e verossimilhança da alegação. Embora o conceito de ambos não seja de fácil fixação e pareça demasiadamente largo em seu entendimento, o legislador não agiu erroneamente, dado o risco de tornar ineficaz o comando legal caso estreitasse em excesso os pressupostos indicativos de sua incidência.

A demonstração de prova inequívoca não enseja atingir o grau máximo quanto à segurança do julgador ao fixar um juízo de conhecimento, mas, sim, reporta-se a uma prova suficientemente forte, que possibilite aproximar, ao máximo, o juízo de probabilidade do juízo de veracidade (ZAVASCKI, 1996). Ao tratar deste pressuposto, observa Theodoro Júnior (1997, p. 195):

> É inequívoca, em outros termos, a prova capaz, no momento processual, de autorizar uma sentença de

> mérito favorável à parte que invoca a tutela antecipada, caso pudesse ser a causa julgada desde logo. Dir-se-á que, então, melhor seria decidir de vez a lide, encerrando-se a disputa por decisão definitiva. Mas, não é bem assim. O julgamento definitivo do mérito não pode ser proferido senão a final, depois de exaurido todo o debate e toda a atividade instrutória. No momento, pode haver prova suficiente para a acolhida antecipada da pretensão do autor. Depois, porém, da resposta e da contraprova do réu o quadro de convencimento pode resultar alterado e o juiz terá de julgar a lide contra o autor.

Em igual sentido, Bedaque (2003, p. 337) afirma que, mesmo que controvertidos os fatos, a expressão *prova inequívoca* não deve ser interpretada como prova suficiente para formar juízo de certeza. A tutela antecipatória encontra-se no campo da probabilidade.

Tomando posição em direção diversa, Passos (1996, p. 193) destaca que havendo prova inequívoca autorizadora da antecipação, há, necessariamente, possibilidade de exame do mérito. As provas ainda passíveis de produção, se vierem a realizar-se, revestir-se-ão, necessariamente, em razão daquela inequivocidade, do caráter de irrelevantes ou impertinentes. Se ainda há provas a produzir e se são elas relevantes e pertinentes, inexiste a prova inequívoca autorizadora da antecipação.

O grau de probabilidade a ser colhido do conceito de "prova inequívoca" não se abeira de uma identidade relativa aos pressupostos inerentes ao deferimento de liminar, em sede de ação de mandado de segurança, tampouco com uma semelhança ao "direito líquido e certo", como creem Fantoni Júnior (1997) e Zavascki (1996). Por certo, não deve ser este juízo igualmente confundido com o *fumus boni iuris,* exigido para a concessão da tutela cautelar, pois, consoante discorre Oliveira R. (1997, p. 47):

> Exige-se algo mais do que na tutela cautelar do art. 798 e menos do que na tutela dispensada em cognição plena e exauriente. Naquela, mesmo sem qualquer prova, pela simples exposição dos fatos da causa, pode o juiz, em se convencendo da verossimilhança do direito alegado e do receio de lesão, dispensar cautela liminarmente. Na antecipatória, impõem-se a prova inequívoca, vale dizer, clara, sem jaça, evidente, mas quanto baste para o convencimento da 'probabilidade' da alegação e não de sua certeza [...]. A cognição, portanto, continua sendo incompleta, não exauriente: nada impede, por exemplo, venha a ser provado no curso do processo a inveracidade de determinada alegação fática, a princípio considerada inequívoca.

No mesmo sentido, Bedaque (2003, p. 336) ensina que o juízo de verossimilhança sobre a existência do direito do autor tem como parâmetro legal a prova inequívoca dos fatos que o fundamentam. Embora tal requisito esteja relacionado com aquele necessário à concessão de qualquer cautelar – *o fumus boni juris* – tem-se entendido que tais expressões não são sinônimas, já que prova inequívoca significa um grau mais intenso de probabilidade da existência do direito. Seria necessário, aqui, não apenas versão verossímil dos fatos, mas também a existência de prova apta a revelar o elevado grau de probabilidade de confirmação da versão apresentada pelo autor.

A análise da prova inequívoca da verossimilhança implica, assim, num juízo cognitivo mais profundo do que aquele exigido no art. 798 para a cautelar, mas inferior à cognição plena e exauriente que antecede a tutela definitiva. A concessão de cautelar geral dependeria apenas da verossimilhança dos fatos alegados pelo autor, ainda que inexistisse prova a respeito. Já para obter antecipação da tutela, necessário que o requerente instrua o pedido com elemento probatório suficiente para formação do convencimento do julgador.

A prova inequívoca, portanto, não é aquela que dá total certeza de que o autor tem razão na lide instaurada, de modo a adiantar seu resultado, mas sim, é a prova que dá, *a priori*, maior grau de certeza, em se tratando de probabilidade, de que o autor tem razão nas suas pretensões.

2.2. Verossimilhança das alegações

Martirizam-se de controvérsia análoga, os requisitos necessários à delimitação da verossimilhança da postulação. Conquanto Calamandrei e Malatesta tenham arriscado fixar parâmetros à análise dos elementos próprios à constituição da convicção do juiz, formulando-se diferentes níveis de juízos de probabilidade, Alvim (1996, p. 107), em sentido contrário, corrobora que o conceito de verossimilhança depende do subjetivismo de cada autor, e continuará a depender do entendimento de cada juiz, no momento em que decidir sobre o pedido de antecipação de tutela. Inobstante, Santos (1999, p.53) é exato ao concluir que a verossimilhança se trata de:

> [...] um juízo de certeza, de efeitos processuais provisórios, sobre os fatos em que se fundamenta a pretensão, em razão da inexistência de qualquer motivo de crença em sentido contrário. Provas existentes, pois, que tornam o fato, pelo menos provisoriamente, indene de qualquer dúvida. Não havendo a prova concludente, mas sendo fortes os motivos de crença, a verossimilhança não deixa de existir, mas neste caso, o juízo de máxima probabilidade (nome que Micheli Spineli dá à certeza absoluta) cede lugar à simples possibilidade, mera aparência que pode revelar o fumus boni iuris, informador apenas da tutela cautelar.

Watanabe (2012, p. 148) afirma que:

> No direito brasileiro, temos alguns dispositivos de lei que acolhem as terminologias "verossimilhança" (art. 273 do Código de Processo Civil de 1973) e "verossímil" (art. 6º, VIII, do Código de Defesa do Consumidor), em que esses vocábulos são utilizados no sentido de probabilidade elevada de ser verdadeiro, não no de probabilidade mínima.

Destaque-se que, o *caput* do artigo 273 do Código de Processo Civil de 1973 estabelece que a concessão da antecipação de tutela está condicionada à formulação do pedido pelo demandante, consagrando a aplicação do princípio do dispositivo. Merece, porém, o preceito estar sujeito a uma interpretação *lato sensu* que permita atribuir legitimidade a todos aqueles que deduzam uma pretensão em juízo, autorizando que o pleiteiem também os intervenientes que atuem *ad coadjuvandum tantum*, o *parquet*, o assistente simples e litisconsorcial e o réu, caso tenha reconvindo (artigo 315 do Código de Processo Civil de 1973) ou postulado contra pedido (artigo 278, § 1º).

Ainda que Bermudes (1995) suscite dúvida quanto à constitucionalidade de se excluir a possibilidade do réu solicitar a tutela antecipatória, Aragão (1996) enfatiza que, sob esse ângulo, a norma padece de inconstitucionalidade. Todavia, entendemos não haver contrariedade ao texto constitucional, eis que o princípio da isonomia segue íntegro graças à possibilidade do réu, ao assumir uma posição de contra-ataque, como na reconvenção, poder pleitear o deferimento da antecipação de tutela.

Indica, ainda, o legislador, além desses requisitos previstos no *caput* do dispositivo em apreço, outros pressupostos que são dignos de observância, e que são aplicados de maneira não cumulativa entre si, para a concessão da tutela antecipatória. É o que veremos a seguir.

2.3. Demais requisitos exigidos – incisos I e II do artigo 273 do Código de Processo Civil de 1973

O inciso I do artigo 273 do Código de Processo Civil de 1973, preconiza o perigo da demora, ao exigir a comprovação com exatidão do "fundado receio de dano irreparável ou de difícil reparação". Em que pese a aproximação deste requisito com o conteúdo das medidas cautelares satisfativas, Araken de Assis (1997, p. 26) demonstra que para estas "o dano a prevenir, ou cujos efeitos permanentes calha erradicar e obstar, não é ao objeto litigioso, mas concernente a relações a ele conexas ou dele dependentes".

Ademais, Alvim (1996, p. 122) atenta que o receio de dano aludido pela lei, traduz a apreensão com um dano ainda não ocorrido, mas prestes a ocorrer, pelo que deve, para ser fundada, vir acompanhada de circunstâncias fáticas objetivas a demonstrar que a falta da tutela dará ensejo à ocorrência do dano e que este será irreparável ou, pelo menos, de difícil reparação.

Mais tenebrosa apresenta-se a suposição disposta no inciso II, com referência ao abuso de direito de defesa ou manifesto propósito protelatório do réu, atitudes estas tipificadas entre os casos de litigância de má-fé, previstos no art. 17 do Código de Processo Civil de 1973. Abusar do direito de defesa é igualmente deduzir defesa de encontro com o texto expresso de lei ou baseada em fato incontroverso ou inverídico (art. 17, incisos I e II), ou proceder de modo temerário (art. 17, inciso V). Propósito protelatório manifesto tem lugar, outrossim, pela resistência injustificada ao andamento regular do processo (art. 17, inciso IV).

A despeito do posicionamento de alguns poucos doutrinadores, de que a hipótese do inciso II teria caráter punitivo, percebe-se, claramente, que a antecipação não tem como fim servir-se de sanção para a litigância de má-fé. Para isso, o Código de Processo Civil de 1973 vale-se de outras técnicas (*v. g.* a responsabilização por perdas e danos estatuída nos arts. 16 e 18). Torna-se evidente, aqui, não se tratar de antecipação do efeito ou efeitos da sentença de mérito, visto que a própria atitude do demandado indicia que, em regra, a causa encontra-se madura para julgamento, facultando o órgão judicial empregar perfeitamente o instituto do julgamento antecipado da lide, na forma do art. 330 da mesma carta.

Cumpre ressaltar que, se o propósito protelatório tem lugar quando há pedido desnecessário de provas, o juiz deverá simplesmente indeferir as diligências inúteis ou meramente protelatórias (art. 130, 2ª parte).

Assim, o emprego do inciso II do art. 273 encontrará campo favorável por ocasião da prolação da sentença de primeiro grau ou por ocasião de o processo chegar ao juízo de apelação, momentos em que se poderá aferir se está havendo abuso do direito de defesa ou manifesto propósito protelatório.[1]

Nessas hipóteses, antecipar-se-ão os efeitos da sentença já prolatada (com as restrições do art. 273, §§ 2º e 3º), nada obstante a concessão legal de efeito suspensivo ao recurso interposto ou a ser interposto.

Sobre esse efeito, Câmara (2011[b], p. 852) explica que:

> O inciso VII do art. 520 foi aí inserido pela Lei nº 10.352/2001 e pretende pôr fim a um defeito do sistema processual brasileiro. Antes da inserção deste novo inciso no art. 520, mesmo nos processos em que se concedia tutela antecipada a sentença ficava sujeita à apelação com efeito suspensivo. Significava isto dizer que a decisão antecipatória, baseada em juízo de probabilidade, era imediatamente eficaz, mas não o era a sentença, baseada em juízo de certeza.

1 Entendemos que, ao limitar o manifesto propósito protelatório ao réu, a lei foi excessivamente restritiva, afrontando o princípio da igualdade, assegurado não só no art. 125 do Código de Processo Civil de 1973, como também no ordenamento constitucional brasileiro. Igualmente o autor derrotado pode utilizar-se de recursos meramente protelatórios, com vistas a impossibilitar a execução das verbas decorrentes da sucumbência.

Nesse momento, portanto, a antecipação, em essência, afastará o efeito suspensivo comum ao recurso, possibilitando-se a execução, ainda que provisória, do quanto determinado no provimento judicial recorrido, conforme explica Pinheiro (2011, p. 60-61):

> Observe-se o direito de recorrer no direito brasileiro. A anterior concessão de tutela antecipada e a sua confirmação na sentença tem o condão de retirar o efeito suspensivo do recurso de apelação (CPC, art. 520, VII). Não se pode falar em supressão do direito de recorrer, contudo, o seu exercício é moldado levando-se em conta juízo não definitivo acerca da existência ou não do direito material afirmado. O mesmo raciocínio é válido para a concessão de efeito suspensivo ou antecipação de tutela recursal, que tem em consideração, além do risco de dano irreparável e de difícil reparação, a relevância dos fundamentos que, dependendo da decisão interlocutória atacada (por exemplo: deferimento ou indeferimento de tutela antecipada – CPC, art. 273), estão relacionados ao direito material debatido no processo.

Na prática, aos militantes da advocacia, com base nesse pressuposto do art. 520, VII do Código de Processo Civil de 1973, é possível, ainda, pedir a antecipação de tutela após a audiência de instrução e por ocasião da prolação da sentença, quando essa tiver sido denegada em despacho inicial, já que, após a realização da audiência pressupõe-se que eventual qualidade da prova, que naquela oportunidade não fora considerada inequívoca, agora, com toda a instrução realizada, poderá, caso haja a demonstração por parte do interessado do *periculum in mora* ou do abuso do direito de defesa, bem como a ausência de requisito negativo, galgar tal qualidade de prova inequívoca, diante de uma cognição já exauriente:

> A tutela provisória[2] pode ter seus respectivos pressupostos preenchidos já no momento da prolação da sentença. Perceba que, neste caso, haveria cognição exauriente, e não sumária.
> Seria possível o juiz concedê-la, nesses termos, em sede de sentença?
> Claro que sim.
> Mas é necessário distinguir duas situações: i) em sendo caso de reexame necessário ou de apelação com efeito suspensivo – que, em regra, impedem a execução provisória -, a concessão da tutela provisória no bojo da sentença terá por consequência retirá-la do estado de ineficácia e autorizar o cumprimento provisório; ii) em sendo caso, tão somente, de apelação sem efeito suspensivo – e não sendo caso de reexame necessário -, a execução provisória já está automaticamente autorizada, sendo pouco útil a concessão da tutela provisória.
> Perceba-se que se trata de técnica de adiantamento provisório dos efeitos da tutela e, não, da tutela em si. Sabendo-se que no sistema recursal brasileiro a regra geral é o recurso de apelação ser dotado de

2 O termo *tutela provisória* é utilizado pelo Novo Código de Processo Civil Brasileiro de 2015 que será adiante explanado.

> efeito suspensivo, impedindo que a sentença apelada produza efeitos de plano, a grande utilidade da tutela provisória concecida no bojo da sentença consiste em conferir-se eficácia imediata à decisão, quebrando o efeito suspensivo do recurso. (DIDIER JÚNIOR; BRAGA; OLIVEIRA R., 2015, p. 581).

Igualdade de pensamento de Montans de Sá e Freire (2012[c], p. 76-77) ao concluírem:

> Alguns juízes antecipam a tutela na própria sentença, para que a apelação seja recebida apenas no efeito devolutivo. Na verdade, o inciso VII do art. 520 do CPC estabelece que a apelação será recebida apenas no efeito devolutivo (sem efeito suspensivo) quando a sentença "confirmar a antecipação dos efeitos da tutela". A regra faz todo o sentido, porque seria um absurdo admitir a execução imediata da decisão que concede a tutela antecipada, mas não admitir a execução imediata da sentença que confirma essa mesma tutela antecipada. Ocorre que o dispositivo não autoriza expressamente a antecipação da tutela dentro da sentença. Tratase de uma interpretação extensiva, amplamente aceita pela jurisprudência do Superior Tribunal de Justiça, na medida em que a tutela antecipada pode ser concedida em qualquer tempo.

Em certos casos, as chances da antecipação se dar em sede de sentença é maior do que no início do feito, dado que o requisito mais difícil na inicial é a prova inequívoca que dê ao magistrado a certeza de verossimilhança da alegação, além da necessidade, como valor constitucional, da presença do contraditório. É somente depois de encerrada a instrução, que o juiz, provavelmente, terá firmado seu convencimento, tornando-se mais fácil a concessão da antecipação dos efeitos da tutela, o que, por certo, afastará o efeito suspensivo de eventual apelação, recurso especial e/ou extraordinário.

É pela preservação do contraditório e pela possibilidade de amadurecimento do convencimento do juízo por meio da instrução do feito que leciona Didier Júnior, Braga e Oliveira R. (2015, p. 579-580):

> A tutela provisória de urgência poderá ser concedida liminarmente quando o perigo de dano ou de ilícito, ou o risco ao resultado útil do processo estiverem configurados antes ou durante o ajuizamento da demanda. Caso não haja risco de ocorrência do dano antes da citação do réu, não há que se concedê-la em caráter liminar, pois não haverá justificativa razoável para a postergação do exercício do contraditório por parte do demandado. Seria uma restrição ilegítima e desproporcional ao seu direito de manifestação e defesa. Somente o perigo, a princípio, justifica a restrição ao contraditório.
>
> Entretanto, sempre que estabelecer a necessidade de contraditório prévio, o juiz deve justificar a postergação da análise do requerimento liminar.
>
> [...]
>
> A verdade é que não se admite a concessão de tutela provisória liminar, em tais situações; a mitigação do princípio do contraditório não se justifica para efetivar uma sanção antecipada por comportamento abusivo, alegado e provado apenas unilateralmente.

> [...]
> Registre-se, por fim, que o que aqui se disse se aplica, também ao pedido ulterior de tutela provisória, que somente pode dispensar o contraditório prévio em situações de urgência ou de evidência
> [...]
> É bom que se ressalte que não há violação da garantia do contraditório na concessão, justificada pelo perigo ou pela evidência, de providências jurisdicionais antes da ouvida da outra parte (inaudita altera parte). O contraditório, neste caso, é deslocado para momento posterior à concessão da providência de urgência ou de evidência, em nome de outros bens jurídicos (como a efetividade).

No mesmo sentido, Correia (2012, p. 65) aduz que:

> Urge frisar que não fere o contraditório a concessão de liminares *inaudita altera pars*[3] ou de tutela antecipada. Nesses casos, pretende-se apenas, presentes os requisitos legais, evitar o imediato perecimento do direito, devendo-se, logo a seguir, abrir oportunidade de manifestação à outra parte. O perecimento do direito implicaria a inviabilidade da própria instauração da relação jurídico-processual, sem que nem sequer pudesse, no momento devido, ocorrer o contraditório.

3 Para Dinamarco (2009, p. 346) o correto é a expressão *inaudita altera parte.*

O princípio da igualdade das partes, que vigora no processo, fica mitigado no caso das tutelas de urgência, considerando que, como afirma Carneiro (2010, p. 51) "no processo cautelar, e em muitos processos de conhecimento, a possibilidade de concessão de medidas liminares, ou de antecipação da tutela, antes da oitiva do réu, limita a regra da igualdade, mas em atenção às circunstâncias de cada caso concreto (CPC, arts. 273 e 804)".

Destacamos que, trata-se de técnica de adiantamento provisório dos efeitos da tutela, e não da tutela jurisdicional em si. Sabendo-se que no sistema recursal brasileiro a regra geral é o recurso de apelação ser dotado de efeito suspensivo, impedindo que a sentença apelada produza efeitos de plano, a grande utilidade da tutela provisória concedida no bojo da sentença, consiste em conferir executabilidade imediata à essa decisão.

Há casos que não podemos deixar de argumentar que o *periculum in mora* ou o abuso do direito de defesa do réu, surgem no curso do processo, cabendo, portanto, pedido de antecipação dos efeitos da tutela, por meio de petição simples, no curso da lide.

Não deve ser extraído do conteúdo deste dispositivo um intuito puramente punitivo, visto que a relação processual não alcança somente as partes dela integrantes, mas envolve o Estado que, ao exercer a função jurisdicional, não deseja padecer de desnecessária demora para concessão do provimento judicial rogado.

Zavascki (1996, p. 153-154) faz a distinção entre "abuso de direito de defesa" e "manifesto propósito protelatório do réu", consoante os atos protelatórios sejam praticados, respectivamente, nos autos do processo (*v.g.* art. 14, III e IV, do Código de Processo Civil de 1973) ou fora deste, mas com ele relacionados.

Todavia, mostram-se mais apropriadas as considerações de Passos (1996, p. 198-199), ao apontar que se configura o abuso do direito de defesa "[...] quando se exercita, além do limite necessário, o direito que se tem, ou quando esse exercício objetiva não alcançar a tutela que a ele se associa e é devida a seu titular, sem outro fim, mesmo lícito que seja ou moralmente justificável".

Já o manifesto propósito protelatório, configurar-se-ia em "[...] tudo que retarda, sem razão atendível, o andamento do feito. E esse intuito é manifesto quando desprovido o ato, tido como protelatório, de justificação razoável, vale dizer, quando dele não poderá resultar proveito processual lícito para o interessado em sua prática" (PASSOS, 1996, P. 198-199).

A despeito de o *caput* prever o termo "poderá", não se trata de uma faculdade do magistrado, trata-se do poder-dever, ou seja, presentes os requisitos e se tratando de prova inequívoca o pedido da parte deve ser acolhido.

Com o mesmo propósito dos incisos I e II do art. 273 do Código de Processo Civil de 1973, sobressai, como pressuposto processual negativo o "perigo da irreversibilidade do provimento antecipado" insculpido no parágrafo 2º do artigo 273, que será tratado no Capítulo 4 do presente trabalho.

Em suma, o dispositivo evita que se conceda antecipadamente à parte o pedido que se concretiza e se esgota no mundo dos fatos, após a sua concessão no âmbito processual, o que o torna seus efeitos irreversíveis. Mesmo porque o processo certamente terá o seu curso normal, pela dicção do § 5º do art. 273, e ao final, caso o magistrado reconheça a improcedência do feito, causaria imbróglio ao restabelecimento da situação *a quo*, ou seja, impossibilitaria o retorno à situação fática anterior.

O § 6º prevê, ainda, que nos casos de pedidos cumulados, sendo algum deles incontroverso, será possível a antecipação dos efeitos da tutela, no que tange a esse pedido, a fim de que o curso processual discuta apenas aquilo que é objeto de contrariedade. Entretanto, não é possível deixar de argumentar a possibilidade de antecipação dos efeitos da tutela também nos casos em que não houve contestação alguma, tornando-se, assim, a situação fática totalmente incontroversa, em razão da aplicação do art. 319 do Código de Processo Civil de 1973. Vejamos:

> Art. 319. Se o réu não contestar a ação, reputar-se-ão verdadeiros os fatos afirmados pelo autor.

A discussão, nesse ponto, busca avaliar se a revelia, por si só, necessariamente, leva à procedência do pedido e se, da mesma maneira, há possibilidade de antecipação dos efeitos da tutela, já que se pressupõe verdadeiras as alegações do autor. Contudo, é necessário lembrar que essa presunção de veracidade decorrente da revelia não é absoluta, já que dependendo da realidade fática nos autos, o magistrado não está obrigado a decidir em favor do pedido do autor.

Ocorre que, na prática, a falta de contestação e a consequente confissão ficta pelo réu, esgotam o tema probatório, de forma que, em regra, a consequência é a sentença favorável ao autor. Não estando, porém, excluída a hipótese da existência de outros elementos que levem à convicção contrária, daí se dizer que a presunção do art. 319 do Código de Processo Civil de 1973 é relativa e não absoluta, tudo isso em consonância ao princípio da livre apreciação da prova e da persuasão racional, conforme o art. 131 do Código de Processo Civil de 1973:

> Art. 131. O juiz apreciará livremente a prova, atendendo aos fatos e circunstâncias constantes dos autos, ainda que não alegados pelas partes; mas deverá indicar, na sentença, os motivos que lhe formaram o convencimento.

É necessário, ainda, observar que, conquanto presumidos os fatos em virtude da revelia, continua com magistrado a liberdade e responsabilidade de aplicar a norma legal, permitindo que este, ao verificar a ausência do direito alegado pelo autor, afaste a revelia, dando lugar ao livre convencimento do juízo, segundo o princípio *iura novit curia* (o juiz conhece o Direito) ou *narra mihi factum dabo tibi jus* (narra-me os fatos e eu te darei o Direito).

É com base nesses argumentos que eventual lide simulada pode ser evitada, pois, levando em conta a criatividade de alguns operadores do Direito, é possível que alguns advogados utilizem processos judiciais para simular[4] uma

4 Outro caso de lide simulada se deu na cidade de Campinas, no interior do Estado de São Paulo, no âmbito da justiça do trabalho. Confira trecho da notícia: "A ação é conhecida no meio jurídico como lide simulada. 'Por meio desta prática ilegal, a empresa coage funcionários a renunciarem a direitos trabalhistas pela celebração de acordos viciados e simula reclamações trabalhistas com o propósito de obter na justiça a quitação dos contratos de trabalho', informou o MPT. [...] Embora a prática da "lide simulada" seja difícil de ser provada, o procurador Éverson Rossi conseguiu colecionar um conjunto probatório que comprovou cabalmente a ocorrência da irregularidade. Em depoimento, ao menos três trabalhadores que foram demitidos informaram que a empresa indicou-lhes advogado visando o ajuizamento de reclamação trabalhista para posteriormente celebrar acordos em

doação por meio de ações de indenização não contestadas e, caso o magistrado tivesse por obrigação acolher o pedido do autor, certamente o fisco seria burlado no recolhimento do ITCMD – Imposto de Transmissão *Causa Mortis* e Doação.

É por isso que alguns autores consideram que existe, na antecipação dos efeitos da tutela pretendida, 3 (três) requisitos expressos no artigo 273 do Código de Processo Civil: o previsto no *caput*; os incisos I ou II; e aquele trazido no § 2º. Por tratar-se de tema que pretendemos focalizar com maior grau de atenção, faremos uma análise mais detida em momento ulterior.

---

juízo. Segundo a lei, propor uma reclamação trabalhista de forma simulada é ilegal". Notícia divulgada no Carta Campinas [Em linha]. Campinas, 18/06/2015. [Consulta em 12 de junho de 2016]. Disponível em: http://cartacampinas.com.br/2015/06/empresa-de-campinas-indicava-advogado-para-defender-o-trabalhador-demitido.

Capítulo 3

Evolução entre o Código de Processo Civil de 1973 (CPC/1973) e o Código de Processo Civil de 2015 (CPC/2015)

3.1. Princípios processuais gerais

O Código de Processo Civil Brasileiro, quando nascera em 1973, trazia em si demasiado formalismo como pretexto para realização do princípio da segurança jurídica, o que, na prática, acabava criando verdadeiros obstáculos à consecução de um direito, tornando o processo, muitas vezes, um instrumento inábil à efetiva prestação jurisdicional.

Em virtude de alguns movimentos reformistas, aliados aos anseios da sociedade, houve profundas modificações no corpo do código de ritos de 1973, com a incorporação de novos institutos ao citado diploma, tais como, a Lei nº 8.952 de 13 de dezembro de 1994 (que trata das tutelas de urgência), Lei nº 9.668 de 23 de junho de 1998 (pune a litigância protelatória), Lei nº 10.444 de 07 de maio de 2002 (busca dar efetividade às decisões ainda não transitadas em julgado), Lei nº 11.232 de 22 de dezembro de 2005 (criou sincretismo entre o processo de conhecimento e o processo de execução), Lei nº 11.280 de 16 de fevereiro de 2006 (permitiu a comunicação dos atos processuais por meios eletrônicos),

Lei nº 11.382 de 6 de dezembro de 2006 (retira dos embargos do executado o efeito suspensivo, dando maior efetividade ao direito do credor), Lei nº 11.418 de 19 de dezembro de 2006 (cria condição de admissibilidade para o Recurso Extraordinário, a chamada repercussão geral no Supremo Tribunal Federal), Lei nº 11.419 de 19 de dezembro de 2006 (informatiza o processo judicial), Lei nº 11.441 de 4 de janeiro de 2007 (possibilidade de inventário e divórcio em cartório extrajudicial), Lei nº 11.672 de 8 de maio de 2008 (estabelece o procedimento para o julgamento de recursos repetitivos no Superior Tribunal de Justiça), Lei nº 12.008 de 29 de julho de 2009 (dá prioridade as pessoas maiores de 60 anos de idade na tramitação dos processo judiciais), e Lei nº 12.322 de 9 de setembro de 2010 (transforma o agravo de instrumento em agravo nos próprios autos da decisão que não admite o recurso especial e extraordinário).

A premissa básica de todas essas leis era de simplificar o Código de Processo Civil, desapegando daquele formalismo inicial, de modo a dar maior instrumentalidade ao processo, observando o princípio da efetividade na persecução do direito material tutelado.

Como metáfora para a atuação do código de ritos, poderíamos usar como exemplo uma partida de futebol, a qual, para que tenha um bom andamento, é indispensável a presença de um bom árbitro. Um bom árbitro de futebol é aquele que se mantém discreto no jogo, fazendo intervenções apenas quando necessário, ou seja, para o árbitro ser grande, é preciso que ele seja coadjuvante naquela partida. Se no dia seguinte ao jogo, não se comenta da atuação do árbitro, é porque se trata de um bom árbitro.

É assim que deve ser um Código Processual, já que processo é apenas um instrumento de persecução do direito e de prestação da tutela jurisdicional. O foco não pode ser discutir os atos processuais, mas sim, o direito material. Nas palavras de Dinamarco (2003, p. 378-379):

> Não basta afirmar o caráter instrumental do processo sem praticá-lo, ou seja, sem extrair desse princípio fundamental e de sua afirmação os desdobramentos teóricos e práticos convenientes. Pretende-se que em torno do princípio da instrumentalidade do processo se estabeleça um novo método do pensamento do processualista e do profissional do foro. A propósito dessa ideia, duas séries de considerações foram desenvolvidas, seja ao considerar os reflexos que a clara visão dos escopos processuais há de lançar sobre a técnica processual (cap. VIII), seja no que disse sobre o duplo sentindo da instrumentalidade (cap. IX). O que importa acima de tudo, como ficou dito, é colocar o processo no seu devido lugar, evitando os males do exagerado "processualismo" (tal é o aspecto negativo do reconhecimento do seu caráter instrumental) – e ao mesmo tempo cuidar de predispor o processo e o seu uso de modo tal que os objetivos sejam convenientemente conciliados e realizados tanto quanto possível (v. concl. nº 45). O processo há de ser, nesse contexto, instrumento eficaz para o acesso à ordem jurídica justa.

Didier Júnior (2015, p. 37-38) confirma tal pensamento, com forte influência de Dinamarco:

> O processo é um método de exercício da jurisdição. A jurisdição caracteriza-se por tutelar situ-

ações jurídicas concretamente afirmadas em um processo. Essas situações jurídicas são situações substanciais (ativas e passivas, os direitos e deveres, p. ex.) e correspondem, grosso modo, ao mérito do processo. Não há processo oco: todo processo traz a afirmação de ao menos uma situação jurídica carecedora de tutela jurisdicional. Essa situação jurídica afirmada por ser chamada de direito material processualizado ou simplesmente direito material. Se em todo processo há uma situação jurídica substancial afirmada ("direito material" na linguagem mais frequente), a relação entre eles é bastante íntima, como se supõe. A separação que se faz entre "direito" e "processo", importante do ponto de vista didático e científico, não pode implicar um processo neutro em relação ao direito material que corresponde ao seu objeto. O processo deve ser compreendido, estudado e estruturado tendo em vista a situação jurídica material para a qual serve de instrumento de tutela. A essa abordagem metodológica do processo pode dar-se o nome de instrumentalismo, cuja principal virtude é estabelecer a ponte entre o direito processual e o direito material. [...] Bem pensadas as coisas, a relação que se estabelece entre o direito material o processo é circular [...]. Ao processo cabe a realização dos projetos do direito material, em uma relação de complementaridade que se assemelha àquela que se estabelece entre o engenheiro e o arquiteto. O direito material sonha, projeta; ao direito processual cabe a concretização tão perfeita quanto possível desse sonho. A instrumentalidade do processo

> pauta-se na premissa de que o direito material coloca-se como o valor que deve presidir a criação, a interpretação e a aplicação das regras processuais.

Seguindo essa tendência, surge o Código de Processo Civil de 2015, sancionado pela Presidência da República por meio da Lei nº 13.105 de 16 de março de 2015 e que entrou em vigor em 18 de março deste ano. Ressalte-se que o Novo Código mostra, expressamente, nos primeiros artigos do Capítulo I (Das Normas Fundamentais do Processo Civil), que visa privilegiar a instrumentalidade do processo para a solução de litígios, o que se deduz pela simples análise do art. 1º e 4º, *in totum*:

> Art. 1º O processo civil será ordenado, disciplinado e interpretado conforme os valores e as normas fundamentais estabelecidos na Constituição da República Federativa do Brasil, observando-se as disposições deste Código.
> Art. 4º As partes têm o direito de obter em prazo razoável a solução integral do mérito, incluída a atividade satisfativa.

O primeiro artigo do Código de Processo Civil de 2015 determina a diretriz básica do trabalho de hermenêutica jurídica e sua aplicação à luz da Constituição da República, ou seja, todas as normas têm como raiz a Carta Magna e, por tal motivo, com ela devem estar de acordo. Ao discorrer sobre o tema, Didier Júnior (2015, p. 47) frisa que o enunciado reproduz algo óbvio, tendo em vista que qualquer norma jurídica brasileira deve ser interpretada conforme a Constituição Republicana e que, ainda que não houvesse tal enunciando, não significaria que o dispositivo pudesse ser interpretado em desconformidade com o texto maior. Tal artigo, apenas vem corroborar a norma elementar de um sistema constitucional, de que todas as normas derivam da Constituição.

Pois bem, ainda que óbvio, o dispositivo tem caráter pedagógico e indicativo de que as normas processuais devem ser analisadas sob o espeque da Constituição. E isso é muito importante.

Partindo dessa premissa, devemos, certamente, nos apoiar nos valores e princípios constitucionais, dando destaque, em nosso trabalho, aos princípios do contraditório e da ampla defesa, insculpidos no inciso LV e a duração razoável do processo, assegurada no inciso LXXVIII, ambos incisos do artigo 5º da Constituição da República, os quais, sem dúvidas, são basilares para alcançar uma prestação jurisdicional efetiva, a que consideramos não apenas a satisfação de uma pretensão posta em juízo, mas que esta seja realizada em tempo hábil e útil.

Tal noção é corroborada pelo artigo 4º, segundo o qual "as partes têm o direito de obter em prazo razoável a solução integral do mérito, incluída a atividade satisfativa".

Observa-se que o dispositivo legal afirma categoricamente que o direito à prestação da tutela jurisdicional em tempo razoável inclui a atividade satisfativa. Afinal, do que adianta a sentença perfeita, eivada de um sentimento de justiça, mas que concedida a destempo e sem a efetivação do direito tutelado?

Por isso, tal artigo tem profunda importância, já que reforça o quando disposto no inciso LXXVIII do art. 5º da Constituição da República, registrando, agora, de maneira mais minuciosa e objetiva, a necessidade de observação da razoável duração do processo.

O artigo 139, II, do Código de Processo Civil de 2015 reforça o princípio:

> Art. 139. O juiz dirigirá o processo conforme as disposições deste Código, incumbindo-lhe:
> [...]
> II – velar pela duração razoável do processo;

E não é só. A dicção do art. 8º do Código de Processo Civil de 2015 privilegia o princípio da dignidade da pessoa humana, constitucionalmente prevista no art. 1º, III da Carta da República, quando afirma que "ao aplicar o ordenamento jurídico, o juiz atenderá aos fins sociais e às exigências do bem comum, resguardando e promovendo a dignidade da pessoa humana e observando a proporcionalidade, a razoabilidade, a legalidade, a publicidade e a eficiência".

O texto legal presume que, para que a dignidade da pessoa humana seja respeitada, é essencial um provimento em tempo hábil, sendo a eficiência do Estado-Juiz tratada como dever processual de fornecer ao jurisdicionado uma tutela justa, adequada e útil e que, ao final, traga plena satisfação.

Já o art. 6º do mesmo *codex*, prevê a existência do princípio da colaboração entre as partes para com o Poder Judiciário, a fim de que se obtenha, em tempo razoável, decisão de mérito justa e efetiva. Portanto, mesmo que as partes sejam adversárias, elas devem agir eticamente dentro da lide para que se alcancem, de maneira mais célere, os fins aos quais se destina o próprio processo.

Em que pese o 9º artigo privilegiar a ampla defesa e o contraditório, princípios essenciais ao processo, ele prevê a possibilidade de exceção quando o caso tratar de tutela de urgência ou de evidência, tamanha é a importância de um provimento em tempo certo.

Ressalte-se, por oportuno, que não se trata apenas de uma preocupação com o tempo de trâmite do processo, a finalidade é que o cidadão percorra e encerre o procedimento litigioso, com a noção de que a justiça, no seu termo amplo, fora feita.

Com *vacatio legis* pelo período de 1 (um) ano, conforme previsão do art. 1.045 do Código de Processo Civil de 2015, houve tempo razoável para conhecer as novas normas, ainda que estas permaneçam no centro de diversas discussões jurídicas, mesmo após a entrada em vigor no Novo Código:

> Art. 1.045. Este Código entra em vigor após decorrido 1 (um) ano da data de sua publicação oficial.

Ainda assim, com a entrada em vigor do Código de Processo Civil de 2015, é de registrar a impossibilidade de retroação da norma a fato velho, como bem chancelou o artigo 14 do Novo Código de Processo Civil, salvo as exceções previstas constitucionalmente.

Nas lições de Didier Júnior no que concerne aos atos processuais praticados (2015, p. 56):

> Cada ato que compõe o processo é um ato jurídico que merece proteção. Lei nova não pode atingir ato jurídico perfeito (art. 5º, XXXVI, CF/1988), mesmo se ele for um ato jurídico processual. Por isso o art. 14 do CPC determina que se respeitem "os atos processuais praticados". Dois exemplos: a) recurso de agravo de instrumento interposto antes da vigência do novo CPC, em hipótese para a qual hoje não

> é cabível esse recurso, permanecerá pendente e deverá ser julgado ¾ a regra nova não pode atingir um ato jurídico perfeitamente praticado nos termos da legislação anterior; b) arrematação perfeita ao tempo do código revogado, não pode ser agora desfeita por conta da aplicação de regra nova, como a que decorre do art. 891, parágrafo único.

Considerando, ainda, que o citado autor diferencia atos processuais praticados e situações jurídicas consolidadas, prossegue:

> [...] o processo também pode ser encarado como um efeito jurídico. Nesse sentido, processo é o conjunto das relações jurídicas que se estabelecem entre os diversos sujeitos processuais (partes, juiz, auxiliares da justiça etc.). Essas relações jurídicas processuais formam-se em diversas combinações: autor-juiz, autor-réu, juiz-réu, autor-perito, juiz-órgão do Ministério Público etc. Repita-se o que se disse acima: o termo "processo" serve, então, tanto para designar o ato processo como a relação jurídica que dele emerge. Há direitos processuais; direitos subjetivos processuais e direitos potestativos processuais – direito ao recurso, direito de produzir uma prova, direito de contestar etc. O direito processual é uma situação jurídica ativa. Uma vez adquirido pelo sujeito, o direito processual ganha proteção constitucional e não poderá ser prejudicado por lei. Lei nova não pode atingir direito adquirido (art. 5º, XXXVI, CF/1988), mesmo se for um direito adquirido processual. Por isso o art. 14

> do CPC determina que se respeitem "as situações jurídicas consolidadas sob a vigência da norma revogada". Dois exemplos. a) Publicada a decisão, surge, para o vencido, o direito ao recurso. Se a decisão houver sido publicada ao tempo do Código revogado e contra ela coubessem, por exemplo, embargos infringentes (recurso que deixou de existir), a situação jurídica ativa "direito aos embargos infringentes" se teria consolidado; essa situação jurídica tem de ser protegida. Assim, mesmo que o novo CPC comece a viger durante a fluência do prazo para a parte interpor os embargos infringentes, não há possibilidade de a parte perder o direito a esse recurso, pois se trata de uma situação jurídica processual consolidada. b) No CPC revogado, o Poder Público possuía prazo em quádruplo para contestar; no CPC atual, o prazo é dobrado. Com a citação, surge a situação jurídica "direito à apresentação da defesa". Assim, mesmo que o novo CPC comece a viger durante a fluência do prazo apresentação da contestação, que se iniciou na vigência do código passado, será garantido ao Poder Público o prazo em quádruplo. A aplicação imediata da norma processual não escapa à determinação constitucional que impede a retroatividade da lei para atingir ato jurídico perfeito e direito adquirido. (DIDIER JÚNIOR 2015, p. 56-57)

A nova norma processual será imediatamente aplicada, mesmo nos processos em curso, tendo em vista que toda lei processual, desde que não tenha natureza material, pressupõe uma melhora da técnica, seja simplificando ou aperfeiçoando algum procedimento previamente adotado, de tal sorte que a aplicação deve, como diz a lei, ser imediata. Vejamos o art. 1.046 do Código de Processo Civil de 2015:

> Art. 1.046. Ao entrar em vigor este Código, suas disposições se aplicarão desde logo aos processos pendentes, ficando revogada a Lei nº 5.869, de 11 de janeiro de 1973.

Como se observa, o Código de Processo Civil de 2015, em sumária análise, trará para o ordenamento jurídico brasileiro, diversas inovações.

3.2. Disposições Gerais sobre a Tutela provisória no Código de Processo Civil de 2015

No que concerne à forma, de início percebe-se que o legislador cuidou de abolir o livro próprio do processo cautelar, como previsto no Livro III do Código de Processo Civil de 1973 (arts. 796 a 889). Tal matéria no Código de Processo Civil de 2015 somente será tratada Livro V, Título II (arts. 300 a 310).

O Novo Código de Processo Civil trouxe nova formatação às normas processuais, delimitando as tutelas provisórias (de urgência ou evidência) em um mesmo Livro (Livro V), intitulado de *Tutelas Provisórias,* dando ênfase às tutelas de urgência em seu Título II, do artigo 300 ao 310, abolindo o Livro III do Código de Processo Civil de 1973, que era inteiramente destinado ao processo cautelar.

Percebe-se então, como dito alhures, que houve uma aglutinação na previsão legal da antecipação de tutela e a tutela cautelar. O que, para efeitos práticos, não doutrinários, torna inócua a discussão já tratada no item 1.5 do presente trabalho, eis que ambas visam uma solução imediata, em detrimento do tempo.

A tutela antecipada ou a antecipação dos efeitos da tutela pretendida passou a ser alcunhada de tutela provisória e a matéria agora é tratada como tutela de urgência, em sentido amplo (Título II), e tutela de evidência (Título III). A vertente da tutela de urgência subdivide-se em cautelar ou satisfativa, e estas, por sua vez, subdividem-se em antecedente ou incidental, pela inteligência do art. 294 *caput* e parágrafo único:

> Art. 294. A tutela provisória pode fundamentar-se em urgência ou evidência.
> Parágrafo único. A tutela provisória de urgência, cautelar ou antecipada, pode ser concedida em caráter antecedente ou incidental.

Para melhor ilustrar, segue esquematizado:

Figura 1 – Tutela Provisória

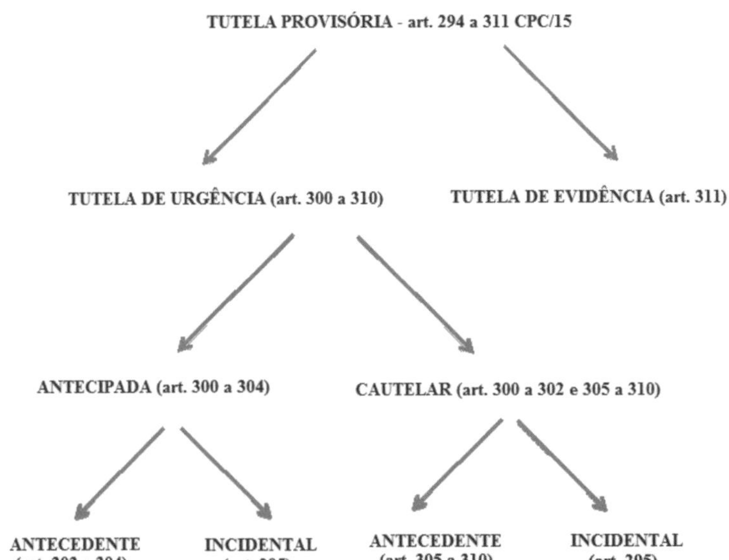

A tutela de urgência é caracterizada, em suma, pela necessidade de um provimento útil no tempo, haja vista que, eventual demora, pode permitir o perecimento do direito.

É certo que, a despeito da nomenclatura utilizada pelo Código de Processo Civil de 2015, os pressupostos gerais permanecem os mesmos para a tutela de urgência, seja ela antecipada ou cautelar[1], antecedente ou incidental, notadamente no que concerne aos pressupostos gerais, quais sejam: a fumaça do bom direito e o perigo da demora, como confirmam Didier Júnior, Braga e Oliveira R. (2015, p. 594-595):

> A tutela provisória de urgência pode ser cautelar ou satisfativa (antecipada). Em ambos os casos, a sua concessão pressupõe, genericamente, a demonstração da probabilidade do direito (tradicionalmente conhecida como "fumus boni juris") e, junto a isso, a demonstração do perigo de dano ou de ilícito, ou ainda do comprometimento da utilidade do resultado final que a demora do processo representa (tradicionalmente conhecido como "periculum in mora") (art. 300, CPC).
> Percebe-se, assim, que "a redação do art. 300, caput, superou a distinção entre os requisitos da concessão para a tutela cautelar e para a tutela satisfativa de urgência, erigindo a probabilidade e o perigo na demora a requisitos comuns para a prestação de ambas as tutelas de forma antecipada[2]" [...].

---

1 Refere-se à aglutinação dos dois institutos de direito processual, já mencionados no presente trabalho.

2 Enunciado nº 143 do Fórum Permanente de Processualistas Civis.

A lei exige a conjugação desses dois pressupostos. A prática, porém, revela que a concessão de tutela provisória não costuma obedecer rigorosamente essa exigência. Há situações em que juízes concedem a tutela provisória em razão da extrema urgência, relegando um tanto a probabilidade; e vice-versa. "No dia a dia do foro, quanto mais 'denso' é o fumus boni juris, com menor rigor se exige o periculum in mora, por outro lado, quanto mais 'denso' é o periculum in mora, exige-se com menor rigor o fumus boni juris".[3] Eduardo José da Fonseca Costa, em trabalho importantíssimo[4] de pragmática processual, demonstra que o "Direito vivo" aceita várias combinações entre probabilidade e o perigo, para fim de concessão da tutela provisória. O autor demonstra que, na prática forense, os juízes se valem de um raciocínio tipológico, "O fumus boni juris e o periculum in mora são vistos como pautas 'móveis', que podem se apresentar em graus ou níveis distintos e que, por isso, não são suscetíveis de fixação em termos genéricos (...) Conseguintemente, para conceder-se a liminar, não há necessidade da presença simultânea dos dois pressupostos. Entre eles há uma espécie de permutabilidade livre. Se o caso concreto desviar-se do 'tipo normal' e somente um dos pressupostos estiver presente em 'peso decisivo', mesmo assim será possível conceder-se a medida, embora por força de uma 'configuração atípica'

3 Costa, E. 2011 apud Didier Júnior; Braga; Oliveira R, 2015, p. 594.

4 Ibid. p. 594.

> ou 'menos típica', que se afasta do modelo descrito na lei. Tudo se passa como se, nos processos concretos de concessão de tutelas liminares, o fumus boni juris e o periculum in mora fossem 'elementos' ou 'forças' que se articulam de forma variável, sem absolutismo e fixidez dimensional".[5]
> A tese é muito interessante e de difícil refutação.

Como afirmamos anteriormente, além dos requisitos comuns já mencionados, a tutela provisória satisfativa, antes denominada antecipada, continua no Código de Processo Civil de 2015, exigindo um requisito específico, qual seja, a possibilidade de reversibilidade dos efeitos da decisão que concede a tutela provisória, assunto do presente trabalho.

Por outro lado, a tutela de evidência é Tutela de evidência é aquela que pode ser requerida independente da comprovação da urgência ou do risco de dano ao provimento útil do feito. É a modalidade de tutela provisória que, pautada pela boa-fé do autor e na plausibilidade patente do direito, pode ser concedida quando demonstrado o abuso do direito de defesa, ou seja, quando esta é meramente protelatória. Nos casos em que o autor claramente tem razão, temos que:

> Em situação de mera evidência (sem urgência), o tempo necessário para a obtenção da tutela definitiva (satisfativa) não deve ser suportado pelo titular de direito assentado em afirmações de fato comprovadas, que se possam dizer evidentes. Haveria, em tais casos, violação ao princípio da igualdade.

5 Ibid. p. 595.

> (DIDIER JÚNIOR, BRAGA e OLIVEIRA R., 2015, p. 567).

Já as medidas cautelares são inominadas. A ideia do legislador, sempre tendo como premissa a instrumentalidade do processo, foi de tornar mais simples a prática, possibilitando ao operador do direito focar apenas nos requisitos gerais para a aplicação do instituto. Desta forma, haverá maior flexibilidade na condução dos processos que envolvem medidas de urgência.

Maior atenção recebeu a tutela antecipada que, no Código de Processo Civil de 1973, era regulada apenas pelo art. 273 e, agora, no Novo Código de Processo Civil, abrange os artigos 303, 304 e 301, sem prejuízo das disposições gerais (art. 300 a 302).

O poder geral de cautela do magistrado, antes previsto no art. 798, no Livro de Processo Cautelar do Código de Processo Civil de 1973, tem, agora, previsão no art. 297 do novo *codex*, e pode ser aplicado tanto para tutelas de urgência, como para tutela de evidência.

> Art. 297. O juiz poderá determinar as medidas que considerar adequadas para efetivação da tutela provisória.
> Parágrafo único. A efetivação da tutela provisória observará as normas referentes ao cumprimento provisório da sentença, no que couber.

E, como afirmam Didier Júnior, Braga e Oliveira R. (2015, p. 590), "a conclusão que se extrai da leitura conjugada desses dispositivos é que eles concedem ao julgador um poder geral de cautela e de efetivação, com a adoção de todas as medidas provisórias idôneas e necessárias para a satisfação ou acautelamento adiantados".

Sobre esse poder de cautela do magistrado, também aponta Greco Filho (2012, p. 321):

> O poder cautelar geral do juiz atua como poder integrativo da eficácia global da atividade jurisdicional. Se esta tem por finalidade declarar o direito de quem tem razão e satisfazer esse direito, deve ser dotada de instrumentos para a garantia do direito enquanto não definitivamente julgado e satisfeito. O infinito número de hipóteses em que a demora pode gerar perigo torna impossível a previsão específica das medidas cautelares em número fechado, sendo, portanto, indispensável um poder cautelar geral que venha a abranger situações não previstas pelo legislador.

Com previsão no parágrafo único do art. 297 do Código de Processo Civil de 2015, o procedimento de efetivação, como bem nomeado pela melhor doutrina, evita a alcunha de execução, já que são procedimentos que não possuem total identidade em virtude de regras especiais[6] de cada um. O procedimento de efetivação dá eficácia instantânea à concessão da tutela de urgência ou evidência, sejam elas cautelares ou satisfativas. O juiz pode, então, determinar as

6 Didier Júnior, Braga e Oliveira R. (2015, p. 592) concluem que a efetivação da tutela provisória far-se-á de acordo com as regras inerentes à execução provisória, ressalvadas regras especiais do mesmo.

medidas que entender necessárias para a efetivação da tutela provisória que, para que gere efeitos, basta que o oficial de justiça entregue o mandado.

O princípio da motivação, antes previsto no § 1º do art. 273 do Código de Processo Civil de 1973, agora tem previsão legal no art. 298, no Código de Processo Civil de 15, e tem como objetivo evitar que decisões de concessão, modificação ou revogação de medidas de caráter satisfativo, sejam exaradas sem qualquer fundamento, viabilizando, não só o contraditório e a ampla defesa, mas também combatendo decisões padrão, corriqueiras quando se trata da apreciação do pedido de tutela provisória, que, em regra, traziam dizeres como *"preenchido os requisitos, concedo a antecipação dos efeitos da tutela pretendida"* ou *"ausentes os pressupostos, denego a antecipação de tutela"*, como se fossem carimbos prontos. Confira a nova redação:

> Art. 298. Na decisão que conceder, negar, modificar ou revogar a tutela provisória, o juiz motivará seu convencimento de modo claro e preciso.

Didier Júnior, Braga e Oliveira R. reforçam tal assertiva (2015, p. 584-585):

> Decisões que concedam a tutela provisória, cuja fundamentação se resuma à assertiva de que "presentes os pressupostos da tutela provisória, defiro ([...])", tão comuns e admitidas na prática forense, são, em verdade, decisões sem fundamentação, que devem, pois, ser invalidadas. Elas se encaixam perfeitamente às hipóteses de decisão não fundamen-

> tada previstas nos incisos I, II e III do § 1º do art. 489, CPC:
> Eis o que dizem estes incisos: "art. 489. [...] Não se considera fundamentada qualquer decisão judicial, seja ela interlocutória, sentença ou acórdão, que: I – se limitar à indicação, à reprodução ou à paráfrase de ato normativo, sem explicar sua relação com a causa ou a questão decidida; II – empregar conceitos jurídicos indeterminados, sem explicar qualquer motivo concreto de sua incidência no caso; III – invocar motivos que se prestariam a justificar qualquer outra decisão".
> [...]
> Neste sentido, Calmon de Passos, que já previa, anos atrás, que essa prática possivelmente se instalaria em nossos tribunais: "Sinceramente espero não ler, no futuro, imoralidades jurídicas iguais as que tenho lido na fundamentação de certas cautelares, em que se diz, pura e simplesmente, estar-se deferindo a medida porque presentes tanto o fumus boni juris quanto o periculum in mora (assim mesmo em latim, para impressionar) e a parte consulte uma sibila para desvendar o pensamento do magistrado. Decisão sem fundamento ou sem fundamento aceitável como tal, no mínimo que seja, é decisão nula, que não obriga e deve ser reformada ([...]), com punição do culpado por essa violência desnecessária a uma garantia constitucional básica."

Mesmo porque, o Novo Código de Processo Civil trouxe previsão expressa para modificação ou revogação da tutela provisória, no *caput* do art. 296:

> Art. 296. A tutela provisória conserva sua eficácia na pendência do processo, mas pode, a qualquer tempo, ser revogada ou modificada.

Tal decisão, ainda que provisória, em virtude da cognição sumária, conservará sua eficácia durante o processo até que, eventualmente, seja modificada ou revogada, por isso se diz que tal decisão é precária. Nos ensinamentos de Didier Júnior, a tutela provisória, por ser também precária, poderá ser revogada ou modificada a qualquer tempo, por decisão motivada do juiz (arts. 296 e 298 do Código de Processo Civil de 2015). Ressalvada a revogação ou modificação que decorram da rejeição do pedido na decisão final, corolários do julgamento definitivo, o juiz somente pode revogar ou modificar a tutela provisória após provocação da parte interessada (DIDIER JÚNIOR; BRAGA; OLIVEIRA R., 2015, p. 585-586).

Exige-se, porém, para que se possa revogá-la ou modificá-la, que tenha ocorrido alguma alteração posterior no estado de fato, afinal a medida é concedida *rebus sic stantibus*, ou que se apresente um novo elemento probatório que tenha tornado inexistente algum dos pressupostos outrora existente. Seria o caso, por exemplo, em que o autor pede, de forma provisória, a retirada do seu nome de serviço de proteção ao crédito, afirmando e provando que pagou a dívida que tinha com o réu. O juiz concede a tutela provisória liminar, mas o réu, ao contestar, prova que o pagamento demonstrado referiu-se a outra dívida, e não àquela que ensejara a negativação. Imperiosa, nesse caso, a revogação da medida.

Didier Júnior, Braga e Oliveira R. (2015, p. 586) prosseguem dizendo que a revogação, além de ser imediata, tem eficácia *ex tunc*. Impõe-se, pois, o restabelecimento do estado anterior, como ocorre em qualquer execução provisória a ser desfeita e, ainda, exemplificam que:

> O STJ, durante certo tempo, entendeu que, em matéria previdenciária, haveria a impossibilidade de restituição de valores recebidos por força de tutela provisória posteriormente revogada. No entanto, em outubro de 2013, houve o *overruling* desse precedente. O STJ passou a entender que a devolução seria, sim, devida, conferindo eficácia *ex tunc* à revogação da medida. Em casos extremos, deve-se admitir a possibilidade, em razão da proteção da confiança, de não atribuir eficácia retroativa à decisão que revoga a tutela provisória. Nessas hipóteses excepcionais, será preciso criar um mecanismo de compensação dos prejuízos sofridos pela parte adversária. Tendo sido concedida a tutela provisória, se o magistrado vier a julgar improcedente a demanda, convém que faça constar expressamente da sentença a revogação da medida, de modo a não deixar dúvidas.

Não menos importante, é asseverar que a concessão da tutela provisória permanece dependente de requerimento da parte, como já era determinado pela sistemática do Código de Processo Civil de 1973,[7] no qual não havia possi-

7 Pela literalidade da leitura do *caput* do artigo 273 do Código de Processo Civil Brasileiro de 1973.

bilidade, a nosso ver, salvo em casos excepcionalíssimos, a concessão da tutela provisória *ex officio*:

> É necessário requerimento do interessado para a concessão da tutela provisória.
> É vedada a tutela provisória *ex officio*. Trata-se de exigência decorrente da regra da congruência [...] adotada pelo nosso Código nos arts. 2º, 141 e 492. De mais a mais, o art. 295 do CPC dispõe claramente: a tutela provisória será requerida.
> Há casos, contudo, em que o pedido de concessão da tutela provisória se reputa implícito, como, por exemplo, o pedido de fixação de alimentos provisórios em ação de alimentos (art. 4º da Lei nº 5.478/1968).
> Ainda existem aqueles que reconhecem a existência de outras situações excepcionais em que o magistrado, para evitar perecimento do direito, deve conceder *ex officio* a tutela provisória. Na ausência de pedido da parte, a concessão de ofício seria a única forma de preservar a utilidade do resultado do processo. Esse expediente não violaria a regra a inércia da jurisdição, pois o juiz não estaria indo além ou fora dos limites do pedido formulado pela parte, mas tão somente, antecipando provisoriamente seus efeitos fáticos.
> Não consideramos possível a concessão *ex officio* da tutela provisória, ressalvadas as hipóteses expressamente previstas em lei. É o que se extrai de uma interpretação sistemática da legislação processual, que se estrutura na regra da congruência.

> Além disso, a efetivação da tutela provisória dá-se sob responsabilidade objetiva do beneficiário da tutela, que deverá arcar com os prejuízos causados ao adversário, se for cassada ou reformada a decisão. Assim, concedida *ex officio*, sem pedido da parte, quem arcaria com os prejuízos, se a decisão fosse revista? A parte que se beneficiou sem pedir a providência? É preciso que a parte requeira a sua concessão, exatamente porque, assim, conscientemente assume o risco de ter de reparar a outra parte, se restar vencida. (DIDIER JÚNIOR; BRAGA; OLIVEIRA R., 2015, p. 592-594).

Noutro sentido, é o entendimento de Bedaque (2001, p. 377-378), ao aduzir que:

> [...] afastar taxativamente a possibilidade de iniciativa judicial no tocante à tutela antecipatória pode levar a soluções injustas.
> A aceitação do poder oficial no tocante à antecipação dos efeitos da tutela, ainda que excepcional, não viola o princípio dispositivo, pois o juiz estará proferindo decisão judicial nos limites do pedido.
> Também, não se verifica ofensa ao contraditório, uma vez que essa antecipação tem como característica a provisoriedade e como pressuposto a reversibilidade. Terá a parte contrária, portanto, oportunidade para demonstrar o não cabimento da providência. E o juiz, convencendo-se do equívoco, poderá revogá-la.
> Ainda que dúvida possa existir quanto à possibilidade de antecipação *ex officio*, a situação regulada

> pelo art. 273 assemelha-se sobremaneira à tutela cautelar. Rege-se, pois, pelas regras dessa modalidade de tutela. Nessa linha de pensamento não há que se afastar a incidência do art. 798. Tem o juiz o poder de adequar os possíveis efeitos a serem antecipados às necessidades da situação de direito material.

O § 5º do artigo 273 do Código de Processo Civil de 1973 fora suprimido, já que, para a maioria dos doutrinadores, este era desnecessário, eis que aparentemente direcionado ao leigo, sem cunho ou efeito jurídico prático, considerando que, concedida ou não a tutela antecipada, o processo deve seguir seu curso até o final independente da previsão legal ali inserida.

Não obstante, cumpre-nos divagar que, considerando a estabilização da antecipação dos efeitos da tutela, tal dispositivo, que agora fora suprimido, teria mais lógica, com eventuais adaptações, no atual texto do Código de Processo Civil de 2015.

O art. 299 do Código de Processo Civil de 2015 trata da competência para a apreciação das tutelas, tal como dispunha o art. 800 do Código de Processo Civil de 1973:

> Art. 299. A tutela provisória será requerida ao juízo da causa e, quando antecedente, ao juízo competente para conhecer do pedido principal.
> Parágrafo único. Ressalvada disposição especial, na ação de competência originária de tribunal e nos recursos a tutela provisória será requerida ao órgão jurisdicional competente para apreciar o mérito.

A dicção do artigo é simples, mas é necessário sempre que se atentar aos detalhes. De acordo com o art. 299 do Código de Processo Civil de 2015, a tutela provisória incidental deverá ser endereçada ao próprio juízo ou órgão do tribunal que conduz a demanda e que seja competente para apreciar o mérito da causa. Já a tutela provisória antecedente, deve ser requerida ao juízo ou tribunal com competência originária para conhecer o pedido principal (i.e. de tutela definitiva) (DIDIER JÚNIOR; BRAGA; OLIVEIRA R., 2015, p. 572).

O parágrafo único do art. 299 do Código de Processo Civil de 2015 dispõe, por sua vez, que "ressalvada disposição especial, na ação de competência originária de tribunal e nos recursos a tutela provisória será requerida ao órgão jurisdicional competente para apreciar o mérito".

Além de ser competente, o juízo, deve sempre pautar sua decisão, em qualquer situação, para que esteja devidamente fundamentada, com a exposição clara e precisa da situação de perigo ou de evidência, bem como dos efeitos práticos (sociais) que se quer adiantar.

Não obstante o já explicitado, é necessária ainda, na nova lei, a presença de requisitos sem os quais não poderá ser concedido o provimento antecipado, qual sejam o *fumus boni juris* (plausibilidade do direito) e o *periculum in mora* (perigo da demora) estão consagrados no art. 300 do novo regramento, no título que trata da tutela de urgência (Título II do Livro V), conforme segue:

> Art. 300. A tutela de urgência será concedida quando houver elementos que evidenciem a probabilidade do direito e o perigo de dano ou o risco ao resultado útil do processo.

> § 1º Para a concessão da tutela de urgência, o juiz pode, conforme o caso, exigir caução real ou fidejussória idônea para ressarcir os danos que a outra parte possa vir a sofrer, podendo a caução ser dispensada se a parte economicamente hipossuficiente não puder oferecê-la.
> § 2º A tutela de urgência pode ser concedida liminarmente ou após justificação prévia.
> § 3º A tutela de urgência de natureza antecipada não será concedida quando houver perigo de irreversibilidade dos efeitos da decisão.

Interessante notar, talvez em virtude da amplitude do conceito, o legislador resolveu retirar os termos "prova inequívoca" e "verossimilhança da alegação", igualando os requisitos para a concessão da antecipação dos efeitos da tutela pretendida à concessão da tutela cautelar, na qual apenas é necessária a plausibilidade do direito e do perigo da demora.

Como se observa, o § 1º do art. 300 prevê, considerando o caso concreto, a contracautela da parte requerente em favor da parte requerida, a fim de ressarcir eventuais danos por esta sofridos, havendo possibilidade de dispensa, nos casos em que a parte for hipossuficiente, sob pena de ferir o princípio do acesso à justiça, como já era previsto no *codex* de 1973 no art. 804.

Já o § 2º do art. 300, prevê a possibilidade de concessão liminar da tutela de urgência, nos casos em que há perigo da demora, deixando o contraditório para momento posterior e, de acordo com o entendimento de Didier Júnior (2015, p. 83):

> Não há violação da garantia do contraditório na concessão, justificada pelo perigo, de tutela provisória liminar. Isso porque há uma ponderação legislativa entre a efetividade e o contraditório, preservando-se o contraditório para o momento posterior. O contraditório, neste caso, é postecipado para o momento seguinte ao da concessão da providência de urgência. Como a decisão é provisória, o prejuízo para o réu fica aliviado.

O mesmo dispositivo, ao prever expressamente o cabimento da audiência de justificação, põe termo às eventuais discussões doutrinárias acerca de seu cabimento, eis que, apesar de não previsto expressamente no art. 273 do Código de Processo Civil de 1973, a maioria da doutrina e da jurisprudência entendiam possível sua aplicação, análoga ao procedimento cautelar.

O Código de Processo Civil de 2015 prevê, ainda, a responsabilidade civil do beneficiado pela concessão da tutela, que visa compensar eventuais danos causados à parte adversa quando não houver a confirmação da tutela ao final do processo, conforme dispõe o art. 302 no Código de Processo Civil de 2015, como outrora trazia o art. 811.

> Art. 302. Independentemente da reparação por dano processual, a parte responde pelo prejuízo que a efetivação da tutela de urgência causar à parte adversa, se:
> I – a sentença lhe for desfavorável;
> II – obtida liminarmente a tutela em caráter antecedente, não fornecer os meios necessários para a citação do requerido no prazo de 5 (cinco) dias;

> III - ocorrer a cessação da eficácia da medida em qualquer hipótese legal;
> IV - o juiz acolher a alegação de decadência ou prescrição da pretensão do autor.
> Parágrafo único. A indenização será liquidada nos autos em que a medida tiver sido concedida, sempre que possível.

Já o Título III do Livro V, trata da tutela de evidência, seja ela satisfativa ou acautelatória, que corresponde ao inciso II do art. 273 do Código de Processo Civil de 1973, com mais hipóteses para a sua concessão.

Pela literalidade do dispositivo, entende-se que, para sua concessão, não há necessidade de demonstrar o risco e, aqui, reside a diferença entre as duas tutelas provisórias. O enunciado quer abranger situações tão patentes (portanto evidentes), que por si só, geram ao postulante o direito de receber a respectiva tutela.

Que fique bem claro, não é que inexista risco de dano ou de difícil reparação, o legislador quis dizer que esse risco prescinde de demonstração fática, pois ela é presumida. Dessa forma, ocorrendo as situações fáticas previstas nos incisos I, II, III e IV do art. 311 do novel código procedimental, presumido estar-se-á o *periculum in mora*.

> Art. 311. A tutela da evidência será concedida, independentemente da demonstração de perigo de dano ou de risco ao resultado útil do processo, quando:
> I - ficar caracterizado o abuso do direito de defesa ou o manifesto propósito protelatório da parte;
> II - as alegações de fato puderem ser comprovadas apenas documentalmente e houver tese firmada

> em julgamento de casos repetitivos ou em súmula vinculante;
> III – se tratar de pedido reipersecutório fundado em prova documental adequada do contrato de depósito, caso em que será decretada a ordem de entrega do objeto custodiado, sob cominação de multa;
> IV – a petição inicial for instruída com prova documental suficiente dos fatos constitutivos do direito do autor, a que o réu não oponha prova capaz de gerar dúvida razoável.
> Parágrafo único. Nas hipóteses dos incisos II e III, o juiz poderá decidir liminarmente.

O inciso I possui total identidade com o inciso II do art. 273 do Código de Processo Civil de 1973, que trata do abuso do direito de defesa, quando o réu procrastina o processo de alguma forma, abusando do seu direito de defesa, demonstrando, a contrário senso, que o direito do autor existe.

O inciso II, prevê a concessão da tutela de evidência em favor do autor, quando a lide tratar de matéria unicamente de direito, dispensando a dilação probatória e, ainda, houver tese firmada em súmula vinculante da Suprema Corte Brasileira ou de julgamento em casos repetitivos.

A terceira possibilidade da concessão da tutela de evidência se concretiza, por exemplo, nos casos em que o autor procura indenização por perdas e danos contra o réu, com quem formalizou um contrato de depósito de coisa móvel e busca, em caráter sumário, provimento judicial para que seja determinada a entrega da coisa de imediatamente (inciso III do art. 311).

Já a última possibilidade da concessão da tutela de evidência, se dá nos casos em que o postulante apresenta provas documentais suficientes dos fatos constitutivos do seu direito e o demandado não apresenta qualquer contraprova suficiente para gerar dúvida razoável. Aqui, diga-se de passagem, é necessário destacar que o legislador, para qualificar a prova apresentada, utilizou o termo "suficiente", que, certamente, é mais adequado que o termo "inequívoca", anteriormente adotado pelo Código de Processo Civil de 1973, dando maior autonomia para o juiz na análise do conjunto probatório.

Por sua vez, o parágrafo único traz a possibilidade de que o juiz, na segunda e terceira hipóteses, possa decidir liminarmente pela concessão da tutela de evidência, sem ouvir a parte contrária, em detrimento ao contraditório. Aqui, entende-se haverá detrimento ao contraditório apenas em relação ao momento em que ele irá ocorrer, já que, conforme leciona Didier Júnior (2015, p. 83) "nos casos de tutela provisória liminar de evidência, embora não haja perigo, a alta probabilidade de êxito da demanda é reconhecida como apta a mitigar o contraditório, postecipando-o da mesma maneira".

Tratamento oposto recebem os incisos I e IV, hipóteses em que a tutela de evidência só poderá ser concedida depois da manifestação do réu. Há de se indagar, quando da aplicação prática, se haverá a possibilidade de superação de tal assertiva, possibilitando a aplicação do parágrafo único também para os casos previstos nesses incisos, considerando o direito discutido no caso concreto somado ao poder geral de cautela do juiz.

Cabe ressaltar que o pedido firmado na tutela de evidência cabe apenas como pedido incidental,[8] sendo impe-

8 Didier Júnior, Braga e Oliveira R. (2015, p. 570) defendem a tutela de urgência pode ser requerida em caráter antecedente ou incidente;

rioso destacar que "só as tutelas provisórias de urgência podem ser requeridas em caráter antecedente. É a urgência que justifica sua formulação antes mesmo da formulação do pedido de tutela definitiva. A tutela provisória de evidência não pode ser requerida em caráter antecedente" (DIDIER JÚNIOR, BRAGA e OLIVEIRA R., 2015, p. 571).

De igual forma ao Código de Processo Civil de 1973, como visto no ponto em 1.4, as hipóteses do art. 311, de cognição sumária, não se confundem com o julgamento antecipado da lide, que são tratadas nos artigos 355 e 356 do Código de Processo Civil de 2015, que segue:

> Seção II – Do Julgamento Antecipado do Mérito
> Art. 355. O juiz julgará antecipadamente o pedido, proferindo sentença com resolução de mérito, quando:
> I – não houver necessidade de produção de outras provas;
> II – o réu for revel, ocorrer o efeito previsto no art. 344 e não houver requerimento de prova, na forma do art. 349.
> Seção III Do Julgamento Antecipado Parcial do Mérito
> Art. 356. O juiz decidirá parcialmente o mérito quando um ou mais dos pedidos formulados ou parcela deles:
> I – mostrar-se incontroverso;

---

a tutela provisória de evidência só pode ser requerida em caráter incidente, pelo raciocínio a contrário senso do parágrafo único do artigo 294 do Código de Processo Civil de 2015.

> II – estiver em condições de imediato julgamento, nos termos do art. 355.

Os ritos procedimentais das tutelas de urgência em caráter antecedente estão previstos no artigo 303, para o caso da tutela antecipada e no artigo 305, para o caso da tutela cautelar. A despeito de serem tratadas em artigos diversos, dado que existe clara distinção de procedimentos a serem aplicados, há total fungibilidade entre eles, prevista no parágrafo único do art. 305 do Código de Processo Civil de 2015, que corresponde ao revogado § 7º do art. 273 do Código de Processo Civil de 1973. Vejamos:

> Art. 303. Nos casos em que a urgência for contemporânea à propositura da ação, a petição inicial pode limitar-se ao requerimento da tutela antecipada e à indicação do pedido de tutela final, com a exposição da lide, do direito que se busca realizar e do perigo de dano ou do risco ao resultado útil do processo.
> § 1º Concedida a tutela antecipada a que se refere o caput deste artigo:
> I – o autor deverá aditar a petição inicial, com a complementação de sua argumentação, a juntada de novos documentos e a confirmação do pedido de tutela final, em 15 (quinze) dias ou em outro prazo maior que o juiz fixar;
> II – o réu será citado e intimado para a audiência de conciliação ou de mediação na forma do art. 334;
> III – não havendo autocomposição, o prazo para contestação será contado na forma do art. 335.

> § 2º Não realizado o aditamento a que se refere o inciso I do § 1º deste artigo, o processo será extinto sem resolução do mérito.
> § 3º O aditamento a que se refere o inciso I do § 1º deste artigo dar-se-á nos mesmos autos, sem incidência de novas custas processuais.
> § 4º Na petição inicial a que se refere o caput deste artigo, o autor terá de indicar o valor da causa, que deve levar em consideração o pedido de tutela final.
> § 5º O autor indicará na petição inicial, ainda, que pretende valer-se do benefício previsto no caput deste artigo.
> § 6º Caso entenda que não há elementos para a concessão de tutela antecipada, o órgão jurisdicional determinará a emenda da petição inicial em até 5 (cinco) dias, sob pena de ser indeferida e de o processo ser extinto sem resolução de mérito.
> Art. 305. A petição inicial da ação que visa à prestação de tutela cautelar em caráter antecedente indicará a lide e seu fundamento, a exposição sumária do direito que se objetiva assegurar e o perigo de dano ou o risco ao resultado útil do processo.
> Parágrafo único. Caso entenda que o pedido a que se refere o caput tem natureza antecipada, o juiz observará o disposto no art. 303.

Ou seja, observando que o postulante requereu tutela cautelar com natureza de tutela antecipada, o magistrado deve observar o regramento da tutela antecipada, o que demonstra a intenção do legislador pela fungibilidade dos institutos, sem prejuízo da possibilidade do aditamento da causa de pedir por ocasião do pedido principal, conforme previsto no § 2º do art. 308 do Código de Processo Civil de 2015 que, inclusive, a nosso ver, permite que este aditamento venha acompanhado do pedido de antecipação dos efeitos da tutela pretendida.

Para todos os casos de tutela de urgência preparatória (antecedente), seja ela satisfativa ou cautelar, o pedido principal não necessitará do adiantamento de novas custas, conforme pode se verificar da dicção do § 3º do art. 303 e art. 308 do Código de Processo Civil de 2015.

> Art. 308. Efetivada a tutela cautelar, o pedido principal terá de ser formulado pelo autor no prazo de 30 (trinta) dias, caso em que será apresentado nos mesmos autos em que deduzido o pedido de tutela cautelar, não dependendo do adiantamento de novas custas processuais.
> § 1º O pedido principal pode ser formulado conjuntamente com o pedido de tutela cautelar.
> § 2º A causa de pedir poderá ser aditada no momento de formulação do pedido principal.
> § 3º Apresentado o pedido principal, as partes serão intimadas para a audiência de conciliação ou de mediação, na forma do art. 334, por seus advogados ou pessoalmente, sem necessidade de nova citação do réu.
> § 4º Não havendo autocomposição, o prazo para contestação será contado na forma do art. 335.

Como se observa, o prazo de 30 (trinta) dias permanece como previsto pelo Código de Processo Civil de 1973, com a ressalva de que os prazos processuais agora são contados em dias úteis e não dias em corridos, observadas as férias forenses do advogado, na forma do art. 219 e 220:

> Art. 219. Na contagem de prazo em dias, estabelecido por lei ou pelo juiz, computar-se-ão somente os dias úteis.
> Parágrafo único. O disposto neste artigo aplica-se somente aos prazos processuais.
> Art. 220. Suspende-se o curso do prazo processual nos dias compreendidos entre 20 de dezembro e 20 de janeiro, inclusive.
> § 1º Ressalvadas as férias individuais e os feriados instituídos por lei, os juízes, os membros do Ministério Público, da Defensoria Pública e da Advocacia Pública e os auxiliares da Justiça exercerão suas atribuições durante o período previsto no caput.
> § 2º Durante a suspensão do prazo, não se realizarão audiências nem sessões de julgamento.

Didier Júnior, Braga e Oliveira R. (2015, p. 571-572) explicam que a tutela provisória antecedente é aquela que deflagra o processo no qual se pretende, no futuro, pedir a tutela definitiva. É requerimento anterior à formulação do pedido de tutela definitiva e tem por objetivo adiantar seus efeitos (satisfação ou acautelamento). Primeiro, pede-se a tutela provisória; só depois, pede-se a tutela definitiva. A situação de urgência, já existente no momento da propositura da ação, justifica que o autor, na petição inicial, limite-se a requerer a tutela provisória de urgência.

No entendimento deles, no mais, incumbe ao autor simplesmente: i) se a tutela requerida for provisória satisfativa (antecipada), indicar o pedido de tutela definitiva (final), com a exposição sumária da causa de pedir, do direito que se buscar realizar e do perigo de dano ou de ilícito ou, ainda, do risco ao resultado útil do processo ou; ii) se a tutela requerida foi provisória cautelar, expor sumariamente a causa de pedir, o direito que será objeto de pedido de tutela definitiva (direito acautelado) e satisfativa (pedido principal), e o perigo de dano ou de ilícito ou, ainda, o risco ao resultado útil do processo (art. 305, Código de Processo Civil de 2015) (DIDIER JÚNIOR; BRAGA; OLIVEIRA R., 2015, p. 571-572).

Registre-se que a tutela provisória antecedente foi concebida para aqueles casos em que a situação de urgência já é presente no momento da propositura da ação e, em razão disso, a parte não dispõe de tempo hábil para levantar os elementos necessários para formular o pedido de tutela definitiva (e respectiva causa de pedir) de modo completo e acabado, reservando-se a fazê-lo posteriormente.

Nos casos em que a urgência se der após o ajuizamento da demanda, poderá ser requerida a tutela provisória, em caráter incidental, por meio de simples petição nos próprios autos, conforme previsto no art. 295 do Código de Processo Civil de 2015. Tal dispositivo veio para corroborar a instrumentalidade do processo, tornando-o muito mais simples, o que, certamente, tornará o direito concedido mais efetivo, já que o formalismo excessivo tranca o processo, tirando sua fluidez.

> Art. 295. A tutela provisória requerida em caráter incidental independe do pagamento de custas.

Nas palavras de Didier Júnior, Braga e Oliveira R. (2015, p. 571):

> A tutela provisória incidental é aquela requerida dentro do processo em que se pede ou já se pediu a tutela definitiva, no intuito de adiantar seus efeitos

(satisfação ou acautelamento), independentemente do pagamento de custas (art. 295, CPC). É requerimento contemporâneo ou posterior à formulação do pedido de tutela definitiva: o interessado ingressa com um processo pleiteando, desde o início, tutelas provisória e definitiva ou ingressa com um processo pleiteando apenas a tutela definitiva e, no seu curso, pede a tutela provisória.

O art. 308, § 1º, CPC, consagra a possibilidade de cumulação de pedido cautelar e não cautelar. Nada impede, então, que o autor deflagre demanda em que deduza, desde já, o seu pedido principal (satisfativo/ definitivo) em cumulação com pedido cautelar.

Nesse caso, o requerimento pode ser formulado: a) na própria petição inicial (contestação[9], petição de ingresso do terceiro ou de manifestação do Ministério Público); b) em petição simples; c) oralmente, em mesa de audiência ou durante a sessão de julgamento no tribunal – quando deve ser reduzido a termo; d) ou no bojo da petição recursal. O requerimento pode veicular postulação de qualquer tipo de tutela provisória (de urgência ou de evidência), satisfativa ou cautelar (art. 294, p. único, CPC) – lembrando que a evidência, por si só, não serve como fundamento da tutela provisória cautelar.

---

9 Didier Júnior, Braga e Oliveira R. (2015, p. 573-574) defendem a tutela que no Código de Processo Civil de 2015 pode ser requerida pelo réu em contestação.

Instituto novo defendido por Didier Júnior, Braga e Oliveira R. (2015, p. 604), que trata da monitorização do processo civil brasileiro e não encontra correspondência literal no Código de Processo Civil de 1973,[10] traz o art. 304 do Código de Processo Civil de 2015, que prevê a estabilidade da tutela antecipada, nos casos em que não houver interposição de recurso pela parte contrária. Dessa forma, a tutela antecipada torna-se estável e o processo pode ser extinto (§ 1º), conservando-se todos os seus efeitos (§ 3º), entretanto, sem fazer coisa julgada (§ 6º). A tutela que alcançar essa estabilidade só poderá ser atacada pela parte interessada mediante ação própria (§§ 2º e 4º) dentro do prazo de 2 (dois) anos, a contar da intimação do ato de extinção do processo, (§ 5º) para rever, reformar ou invalidar a tutela anteriormente concedida. Confira o teor do artigo 304:

> Art. 304. A tutela antecipada, concedida nos termos do art. 303, torna-se estável se da decisão que a conceder não for interposto o respectivo recurso.
> § 1º No caso previsto no caput, o processo será extinto.
> § 2º Qualquer das partes poderá demandar a outra com o intuito de rever, reformar ou invalidar a tutela antecipada estabilizada nos termos do caput.
> § 3º A tutela antecipada conservará seus efeitos enquanto não revista, reformada ou invalidada por decisão de mérito proferida na ação de que trata o § 2º.

10 Didier Júnior, Braga e Oliveira R. (2015, p. 604) entendem que a natureza da estabilização é a mesma da que decorre quando a ação monitória não é embargada, tornando-se título executivo.

> § 4º Qualquer das partes poderá requerer o desarquivamento dos autos em que foi concedida a medida, para instruir a petição inicial da ação a que se refere o § 2º, prevento o juízo em que a tutela antecipada foi concedida.
> § 5º O direito de rever, reformar ou invalidar a tutela antecipada, previsto no § 2º deste artigo, extingue-se após 2 (dois) anos, contados da ciência da decisão que extinguiu o processo, nos termos do § 1º.
> § 6º A decisão que concede a tutela não fará coisa julgada, mas a estabilidade dos respectivos efeitos só será afastada por decisão que a revir, reformar ou invalidar, proferida em ação ajuizada por uma das partes, nos termos do § 2º deste artigo.

A obrigatoriedade da interposição do recurso para evitar a estabilização da tutela se dá justamente para possibilitar que o demandado que não tenha interesse no prosseguimento do processo, cumpra a tutela antecipada desde logo e fique inerte, não apresentando recurso nem contestação, evitando-se eventual prolongamento da lide o que, certamente, trará economia processual diminuindo os custos processuais.

Entendemos que a estabilização da decisão concessiva de tutela antecipada é uma técnica de monitorização do processo civil brasileiro. Isso ocorre quando ela é concedida em caráter antecedente e não é impugnada pelo réu, litisconsorte ou assistente simples (por recurso ou outro meio de impugnação). Em consequência, o processo será extinto e a decisão antecipatória continuará produzindo efeitos enquanto não for ajuizada a ação autônoma para revisá-la, reformá-la ou invalidá-la (Didier Júnior; Braga; Oliveira R., 2015, p. 604-605).

Existe alguma vantagem para o réu nos termos do *caput* do art. 304 ao não interpor recurso e ter assim a tutela antecipada contra si estabilizada? É claro que sim, especialmente no que se refere ao não pagamento das custas processuais e redução dos honorários de sucumbência, em virtude da aplicação por analogia do art. 701, *caput* e §1º do Código de Processo Civil de 2015. A principal vantagem aqui é a diminuição dos custos do processo.

No eventual caso de recusa de autorização para procedimento cirúrgico por parte de plano de saúde, no que o enfermo busca o Judiciário e obtém tutela satisfativa antecipada, ordenando a realização do procedimento cirúrgico. Para a seguradora, pode ser que não haja qualquer interesse em contestar a medida, e permita a estabilização da medida antecipada.

Caso o demandado não tenha interesse em ficar inerte, pela simples leitura, há de se pensar que o mesmo deve manejar o recurso cabível, no caso, o agravo de instrumento conforme previsão no art. 1.015, I do Código de Processo Civil de 2015:

> Art. 1.015. Cabe agravo de instrumento contra as decisões interlocutórias que versarem sobre:
> I – tutelas provisórias;

Não parece a mais correta, no entanto, a interpretação literal, de que, caso o réu não recorra, por meio de agravo de instrumento, a decisão se torna estável e o processo será extinto. É certo que apresentando a contestação, ele estará evitando a extinção do processo, já que se trata de manifestação expressa do inconformismo do réu contra a decisão exarada pelo juízo.

Oposição essa que, depois de apresentada, pode inclusive mudar o convencimento do magistrado e ensejar a modificação ou revogação da decisão que concedeu a antecipação dos efeitos da tutela pretendida, como posto pelo art. 296 do Código de Processo Civil de 2015.

Aceitar a interpretação literal, ou seja, da necessidade da interposição de agravo de instrumento, pode levar um efeito inverso do pretendido pela legislação processual, qual seja, o aumento do número de agravos perante os órgãos colegiados e, como consequência, a ineficiência da prestação jurisdicional.

Tem-se, ainda, que, dentro do prazo decadencial de 2 (dois) anos fixados no § 5º do Código de Processo Civil de 2015, a parte prejudicada poderá demandar contra a outra para rever, reformar ou invalidar a decisão estabilizada e, caso esse direito não seja exercido no prazo citado, nada impede a propositura de nova ação que tenha por objeto o mesmo bem, já que a decisão que concede a tutela provisória apenas se estabiliza e não faz coisa julgada, conforme dispõe o § 6º do mesmo dispositivo.

Por último, examinaremos o requisito negativo da tutela antecipada, antes previsto no §2º do art. 273 do Código de Processo Civil de 1973, que permanece no § 3º do art. 300 no Código de Processo Civil de 2015:

> Art. 300. omissis.
> [...]
> § 3º A tutela de urgência de natureza antecipada não será concedida quando houver perigo de irreversibilidade dos efeitos da decisão.

Não há qualquer modificação substancial, tamanha era a importância do dispositivo legal, o que torna o presente trabalho um tema atual. No entanto, por oportuno, é importante ressaltar a melhoria do texto legal, como já esboçado alhures, eis que o § 2º do art. 273 do Código de Processo Civil de 1973 na sua redação era muito criticado, vejamos:

> Art. 273. omissis.
> § 2º Não se concederá a antecipação da tutela quando houver perigo de irreversibilidade do provimento antecipado.

Conforme avaliado por Bedaque e Alvim, o provimento sempre será reversível, eis que se trata de uma decisão judicial materializada em documento. O que se quer evitar são decisões que geram efeitos irreversíveis. E foi exatamente essa a alteração apresentada pelo Novo Código de Processo Civil, que será discutida no próximo capítulo do presente estudo.

A título de curiosidade, corria uma proposta de anteprojeto de lei, redigido pelo Professor Athos Gusmão Carneiro, que tinha por objetivo modificar o Livro III do Código de Processo Civil de 1973, trazia interessante proposta de normatização acerca do requisito negativo da tutela antecipada que, a nosso ver, parecia mais adequada (inclusive melhor do que a redação atual do Código de Processo Civil de 2015 – § 3º do art. 300). Segue a proposta de alteração do artigo, *in verbis*:

> Art. 881-B. O juiz não concederá a medida antecipatória nos casos de irreversibilidade de seus efeitos, salvo se a negativa acarretar a extinção do próprio direito ou se a irreversibilidade apresentar-se recíproca, casos em que o juiz terá em conta, com prudência, o princípio da proporcionalidade.

Outro ponto de importante destaque é o fato de o Código de Processo Civil de 2015 ter sistematizado a matéria acerca de concessão de tutelas provisórias contra a Fazenda Pública, nas lições de Didier Júnior, Braga e Oliveira R. (2015, p. 631-632):

> Nestes termos, o CPC-2015, em que pese mantenha, substancialmente, o mesmo regramento em torno da matéria, simplificou e sintetizou formalmente o quadro de restrições legais à tutela provisória, cautelar ou satisfativa (liminar ou não), contra a Fazenda Pública, referindo-se às únicas leis limitativas que estão em vigor, afinal: i) as Leis nº 4.348/1964 e nº 5.021/1966 foram explicitamente revogadas (pela Lei nº 12.016/2009, art. 29), embora seu conteúdo tenha sido preservado no art. 7º, § 2º, da mesma Lei nº 12.016/2009; ii) e o art. 1º, da Lei nº 9.494/1997 acabou tornando-se desnecessário e foi implicitamente revogado, vez que o art. 1.059 do CPC-2015 fez constar a extensão de todas essas regras restritivas das cautelares e mandado de segurança às tutelas provisórias em geral contra a Fazenda Pública.
>
> Diante disso, atualmente, fica proibida a tutela provisória contra o Poder Público que tenha como objeto:
>
> a) "a reclassificação ou equiparação de servidores públicos e a concessão de aumento ou a extensão de vantagens ou pagamento de qualquer natureza." (art. 7º, § 2º, da Lei nº 12.016/2009);
>
> b) medida "que esgote, no todo ou em qualquer parte, o objeto da ação" (art. 1º, § 3º, Lei nº 8.437/1992)

– que, na pior das hipóteses, é mera repetição da vedação (já mitigada) à irreversibilidade (cf. art. 300, § 3º, CPC), como já se disse; e, enfim,
c) a impugnação, em primeira instância, de ato de autoridade sujeita, na via de mandado de segurança, à competência originária do tribunal – ressalvados a ação popular e a ação civil pública (art. 1º, §§ 1º e 2º, Lei nº 8.437/1992).

O Código de Processo Civil de 2015, em geral, trouxe muitas inovações, principalmente, no que concerne às tutelas provisórias que, certamente, ainda serão objeto de muitos estudos. Entretanto, no que tange ao enfoque do presente trabalho, em virtude da repetição técnica do texto legal, discutir o requisito negativo no âmbito de tutelas provisórias se mantém um tema relevante e pertinente, como veremos a seguir.

Capítulo 4

O requisito negativo da antecipação dos efeitos da tutela

4.1. Perigo da irreversibilidade dos efeitos da decisão

Atente-se, outrossim, que, ainda que presentes os requisitos narrados nos tópicos 2.1, 2.2 e 2.3 do presente trabalho, o magistrado, para a conceder a antecipação dos efeitos da tutela, deverá verificar a presença do requisito negativo, qual seja, o perigo da irreversibilidade dos efeitos do provimento, que já vinha assegurado no § 2º do art. 273, Código de Processo Civil de 1973, atual § 3º do art. 300 do Código de Processo Civil de 2015. Confira o quadro comparativo a seguir:

Figura 2 – Quadro Comparativo – Código de Processo Civil

CPC de 1973	CPC de 2015
• Art. 273, § 2º Não se concederá a antecipação da tutela quando houver perigo de irreversibilidade do provimento antecipado.	• Art. 300, § 3º A tutela de urgência de natureza antecipada não será concedida quando houver perigo de irreversibilidade dos efeitos da decisão.

Conforme disposto em ambos os dispositivos, havendo o perigo da irreversibilidade, do provimento (§ 2º do art. 273) ou dos efeitos da decisão (§ 3º do art. 300), o juiz não deverá conceder a tutela antecipada.

Nas palavras simples de Bermudes (2010, p. 81-82):

> Urge que a providência antecipada não produza resultados irreversíveis, isto é, resultados de tal ordem que tornem impossível a devolução da situação ao seu estado anterior. Assim dispõe o § 2º, que restringiu o âmbito da tutela antecipada, só a admitindo sem risco de irreversibilidade. Diante desse dispositivo, assaz limitador, não se admite a antecipação quando a irreversibilidade só puder ser reparada em dinheiro. É preciso que o quadro fático, alterado pela tutela, possa ser recomposto.

E como conclui Câmara (2011[a], p. 901-902):

> Uma interpretação apressada da norma levaria a concluir que, havendo risco de que a antecipação da tutela jurisdicional acarretasse efeitos irreversíveis, tal antecipação seria terminantemente proibida. Esta, porém, não é a melhor exegese. Isto porque há casos em que o indeferimento da tutela antecipada pode causar um dano ainda mais grave do que seu deferimento. Pense-se, por exemplo, numa hipótese em que a antecipação da tutela se faça necessária para que se realize uma transfusão de sangue, ou uma amputação de membro. Ambos os casos revelam provimentos jurisdicionais capazes de produzir efeitos irreversíveis. Ocorre que

> o indeferimento da medida, nos exemplos citados, provocaria a morte da parte, o que é – sem sombra de dúvida – também irreversível.

Exemplifica Gonçalves (2012[d], p. 541) que:

> A tutela poderá acarretar prejuízos até irreparáveis. Trata-se do preço que se deve tributar ao acolhimento dessa providência. Não há impedimento em conceder uma tutela antecipada condenatória em favor do autor, ainda que haja risco de, cumprida a condenação e revertido o resultado, não ter ele condições econômicas de restituir as vantagens recebidas. Mas há alguns provimentos que, por sua natureza, são irreversíveis, como muitos relacionados com o direito de família. Não há como conceder uma antecipação de tutela em ações de estado, como a separação judicial, o divórcio, a anulação de casamento e a investigação de paternidade, porque os provimentos, nessas espécies de ação, não podem ser revertidos.

Anteviu, o legislador, que a antecipação dos efeitos da tutela tem por supedâneo a cognição sumária e, dessa forma, estar-se-ia, ao conceder a antecipação de tutela, cujo efeito é irreversível, dando definitividade a um provimento tipicamente precário, além de ferir de morte o princípio do contraditório e da ampla defesa constitucionalmente previstos.

É como narra Didier Júnior, Braga e Oliveira R. (2015, p. 600):

> Já que a tutela provisória satisfativa[1] (antecipada) é concedida com base em cognição sumária, em juízo de verossimilhança - sendo passível de revogação ou modificação –, é prudente que seus efeitos sejam reversíveis. Afinal, caso ela não seja confirmada ao final do processo, o ideal é que se retorne ao *status quo ante*, sem prejuízo para a parte adversa.
> Conceder uma tutela provisória satisfativa irreversível seria conceder a própria tutela definitiva - uma contradição em termos. Equivaleria a antecipar a própria vitória definitiva do autor, sem assegurar ao réu o devido processo legal e o contraditório, cujo exercício, "ante a irreversibilidade da situação de fato, tornar-se-ia absolutamente, inútil, como inútil seria, nestes casos, o prosseguimento do próprio processo[2]".
> Pretende, com isso, o legislador, coibir abusos no uso da providência. É um meio de preservar o adversário contra excessos no emprego da medida. "Ao mesmo tempo em que foi ampliada a possibilidade de antecipação para qualquer procedimento, procurou-se delimitar, com precisão possível a sua área de incidência[3]".

Tratando-se de requisito negativo, cabe ao autor argumentar pela possibilidade de reversibilidade dos efeitos do

1 Nomenclatura utilizada no Novo Código de Processo Civil Brasileiro de 2015, como veremos adiante.

2 Zavascki apud Didier Júnior, Braga e Oliveira R., 2015, p. 600.

3 Bedaque apud Didier Júnior, Braga e Oliveira R.,(2015, p. 600).

provimento antecipatório, além de reforçar a presença dos demais requisitos exigidos pelo instituto.

Já ao réu, a fim de evitar decisão em seu desfavor ou mesmo reformar decisão precária já concedida, cabe argumentar de maneira positiva que há impossibilidade da reversão dos efeitos, e impossibilidade do retorno ao *status a quo*. Afirma ARMELIN (et al., 2009, p. 130):

> Tenha-se em conta ainda que tais requisitos – a relevância do fundamento e a possibilidade de dano irreparável – deverão ser apresentados em conjunto, ou seja, não basta a evidência a favor dos argumentos do devedor para obter a suspensividade; há que se demonstrar ainda a irreversibilidade, em caso de prosseguimento da execução.

Percebe-se, ainda, que a irreversibilidade de que estamos tratando se dá no plano fático, eis que, em termos jurídicos, a antecipação da tutela dificilmente padecerá de irreversibilidade. Se o juiz dá provimento a uma tutela constitutiva, por exemplo, na sentença final ele poderá desconstituí-la.

Como bem explica Bedaque (2003, p. 341), "a irreversibilidade, como óbice à concessão da medida antecipatória, refere-se, portanto aos efeitos, não ao próprio provimento, que sequer é objeto de antecipação. E, mesmo que fosse, jamais haveria irreversibilidade de ato judicial, sempre revogável, ou seja, reversível".

E Pinho (2012[a], p. 536-537), na mesma linha afirma:

> Também impõe o legislador, como condição ao deferimento da medida, que a antecipação dos efeitos

> não seja irreversível, havendo possibilidade de retorno ao status quo (art. 273, § 2º). Contudo, o provimento nunca é irreversível, pois é provisório e revogável. O que é reversível são as consequências decorrentes da execução da medida, mas alternativas possíveis ao requisito da reversibilidade são a indenização por perdas e danos e a caução.

Ademais, um dos critérios utilizados para verificar a irreversibilidade do provimento a ser dado é o da "proporcionalidade", pelo qual o juiz deverá sopesar os valores em jogo, para saber a qual deles deverá dar proteção, ou qual deles deverá sacrificar, a urgência do pedido ou a irreversibilidade de seus efeitos.

É como leciona Dinamarco (2003, p. 318) ao afirmar que "representam uma conciliação entre duas exigências geralmente contrastantes na Justiça, ou seja, a da celeridade e a da ponderação; entre fazer logo, porém mal e fazer bem, mas tardiamente".

Pinho (2012[a], p. 99) também afirma que:

> O requisito da reversibilidade da tutela antecipada, previsto no art. 273, § 2º, CPC, deve ser entendido no sentido de que o juiz precisa ponderar os interesses em jogo. É preciso que o juiz, à luz do princípio da proporcionalidade, examine não apenas o direito do autor, mas igualmente o possível direito do réu. Dessa forma, o juiz não deve conceder a tutela antecipada quando o dano que ela possa causar ao réu seja muito mais grave do que aquele que sofrerá o autor se a tutela não for concedida. A esse respeito, Luiz Fux faz interessante

consideração, no sentido de que, na prática, em boa parte dos casos a tutela urgente é irreversível. Ele entende que a irreversibilidade, entendida literalmente, pode aniquilar o instituto. Afirma inclusive que há providências urgentes cujos resultados são irreversíveis e não obstante devem ser deferidas, desde que não causem prejuízo irreparável ao demandado.

Pinho (2012[a], p. 537) ratifica:

> Todavia, em caráter absolutamente excepcional, quando os valores em jogo forem de grande relevância, valendo-se o intérprete do princípio da proporcionalidade, admite-se a utilização da técnica destinada à obtenção de tutelas sumárias e provisórias para a solução definitiva e irreversível de situações substanciais (o que, na realidade, deixa de ser antecipação provisória, assumindo o status de tutela final, ou seja, tutela sumária definitiva).

Outras vezes, com o uso do poder geral de cautela, o juiz poderá adotar providências que permitam evitar a irreversibilidade dos efeitos da tutela. Embora a doutrina esclareça ser muito difícil a determinação de critérios apriorísticos, temos que cada caso, em particular, fornecerá ao magistrado o substrato necessário para se proceder à escolha da melhor medida a ser adotada.

Numa rápida análise, podemos ilustrar casos em que a concessão da antecipação da tutela seja flagrante, nos quais certamente não caberiam quaisquer dúvidas ou divagações sobre a sua concessão por parte do magistrado, tais como a necessidade de cirurgia ou de medicamentos, cujo bem jurídico protegido é o bem da vida.

Aqui, o magistrado deverá sopesar, por exemplo, os custos irreversíveis da concessão da antecipação da tutela e a urgência em se determinar a realização de uma cirurgia ou a dispensação do medicamento. Fica fácil, nesse ponto, escolher pela proteção ao bem da vida.

O problema é que nem sempre a urgência e a relevância do direito serão patentes e é nesse momento que a análise da reversibilidade do pedido se torna relevante.

Levando em conta a defesa de eventuais interesses do demandado, o qual ainda não teve a oportunidade de se manifestar nos autos, a lei determina que sejam tomadas precauções e observados alguns princípios da execução provisória quando do deferimento e da execução da liminar de antecipação de tutela, quais sejam: (a) a liminar não deve alcançar os atos que importem alienação do domínio, nem permitir, sem caução idônea, o levantamento de depósito em dinheiro; e (b) ficará sem efeito, sobrevindo sentença que a modifique ou anule a medida executada, caso em que as coisas deverão ser restituídas no estado anterior.

A discussão reside no fato de que de um lado, temos o princípio do devido processo legal (art. 5º, LIV, CF), e, de outro, o bem jurídico tutelado, que pode ser o direito à vida, direito à educação, entre outros, que demandem urgência. Aí reside o verdadeiro propósito do requisito negativo da antecipação dos efeitos da tutela, justamente para que, na medida do possível, se assegure a observância ao devido processo legal, e nessa linha de raciocínio, à ampla defesa e contraditório, sem, contudo, frustrar a efetivação de um direito, ou, ainda, a concessão de um provimento útil no tempo.

Os princípios constitucionais não se anulam entre si, apenas, em determinados casos, um prepondera sobre o outro.

Como se sabe, os princípios são mandados de otimização, enquanto as normas possuem nítido caráter de definitividade, são normas binárias, ou sim, ou não. Diante de eventual antinomia, conflito aparente de normas, aplicam-se regras específicas da hermenêutica jurídica, na qual uma certamente excluirá a aplicação da outra.

Por outro lado, entre princípios não há antinomia, e sim, juízo de ponderação. Dessa forma, eventual solução deve se pautar na aplicação concomitante dos princípios e, quando não for possível, um poderá ter preponderância sobre o outro, de maneira gradual, sem que haja exclusão total do outro.

Dessa forma, os princípios são normas que, de acordo com as possibilidades jurídicas e fáticas de determinado caso, definem que algo deve ser realizado na medida do possível.

O requisito negativo vem privilegiar o princípio do contraditório e da ampla defesa, em detrimento dos princípios do acesso à justiça e da duração razoável do processo, sem, contudo, excluir a possibilidade de sua aplicação. Deverá, como já afirmando anteriormente, ser feita a ponderação entre os princípios, de acordo com o caso concreto.

A tutela antecipatória, como instrumento de provimento de cognição provisória, promove debates pertinentes quando se supõe que a providência pretendida, representa um exaurimento do juízo de conhecimento, pondo em perigo o equilíbrio entre os princípios constitucionais da segurança jurídica, do contraditório e da efetividade da prestação jurisdicional.

Certamente, o devido processo legal, como instrumento máximo do exercício da tutela jurisdicional no Estado Democrático de Direito, não se harmonizaria a uma regra processual que permitisse, ao autor, obter um pronunciamento favorável a sua pretensão, sem que o réu pudesse aduzir ampla defesa, expressão da garantia da isonomia entre as partes, conforme imortalizado pelo filósofo romano, Lúcio Aneu Sêneca, que afirma que "quem decide um caso sem ouvir a outra parte não pode ser considerado justo, ainda que decida com justiça".

Com o intuito de tornar seguro o conteúdo dialético da relação jurídica processual, o § 2º do artigo 273 preconizava a não concessão da antecipação de tutela caso houvesse risco de irreversibilidade do provimento antecipado. Zavascki (1996, p. 38) fez profunda análise sob o parâmetro do princípio da salvaguarda do núcleo essencial, consolidando que:

> [...] antecipar irreversivelmente seria antecipar a própria vitória definitiva do autor, sem assegurar ao réu o exercício do seu direito fundamental de se defender, exercício esse que, ante a irreversibilidade da situação de fato, tornar-se-ia absolutamente inútil, como inútil seria, nestes casos, o prosseguimento do próprio processo.

Em vista desses valores, Bedaque (2003, p. 342) afirma que "a reversibilidade dos efeitos gerados pela tutela antecipada está vinculada à necessidade de salvaguardar o núcleo essencial do direito fundamental à segurança jurídica do réu".

A apropriada exegese a ser dada a este dispositivo aponta que, irreversíveis, são os efeitos do provimento, e não a medida deferitória da tutela antecipada. O conceito de irreversibilidade é informado pela real possibilidade de retorno à situação fática anterior ao momento que o provimento é concedido, ou à situação inicial, parecendo a Sérgio

Bermudes e Araken de Assis que, se esta recomposição de situação fática anterior ou inicial for somente possível mediante reparação pecuniária, haverá irreversibilidade dos efeitos satisfativos deferidos.

Tal posicionamento é resumido por Alvim (1996, p. 128) que aponta:

> No fundo, irreversível não é uma qualidade do provimento ¾ na medida em que toda decisão, num determinado sentido, comporta decisão em sentido contrário ¾, mas da conseqüência fática que dele resulta, pois esta é que poderá correr o risco de não ser reposta no status quo ante, ou não sê-lo em toda a sua inteireza, ou sê-lo somente a elevadíssimo custo, que a parte por ele beneficiada não teria condições de suportar.

Entretanto, não são raras as vezes que surge aos juízes a necessidade de apreciar questões que obrigam a ponderação entre a efetividade da jurisdição e a obrigatoriedade do contraditório à luz da irreversibilidade dos efeitos da tutela antecipatória.

Ao julgar essa questão, Silva (1996, p. 128) analisa que "em tais casos, se o índice de plausibilidade do direito for suficiente consistente aos olhos do julgador – entre permitir sua irremediável destruição ou tutelá-lo como simples aparência – esta última solução torna-se perfeitamente legítima".

Nestes casos especiais, ilegítima será a atuação do Estado que negar a tutelar o direito verossímil, submetendo seu titular a percorrer as agruras do procedimento ordinário, para, posteriormente, na sentença final, admitir como certo a existência apenas teórica de um direito permanentemente arruinado pela sua completa inocuidade prática.

A estas hipóteses excepcionais, nas quais, para que não se coloque em risco a existência do direito aferido em juízo, o momento da antecipação da tutela faz-se anteriormente a apresentação da defesa do demandado, devendo o magistrado, ao apreciar a possibilidade do pedido, basear-se pelas diretrizes traçadas pelo princípio da proporcionalidade para que se permita a correta identificação do interesse que deve prevalecer (WATANABE, 1996, p. 40).

No mesmo sentido, Gonçalves (2012[b], p. 482-483) também leciona que:

> Sempre que há o requerimento de tutela de urgência, o juiz defronta-se com um dilema: ele não sabe, ainda, se o direito alegado pela parte existe e se, ao final, o provimento ao qual ela pede proteção será deferido. A medida sempre pode trazer algum prejuízo para o réu, mas o indeferimento poderá prejudicar o autor. Não há nos autos elementos suficientes para verificar qual das partes tem razão. Cumpre ao juiz socorrer-se do princípio da proporcionalidade, avaliando, baseado em probabilidades, o risco que adviria da concessão e da não concessão. É preciso que ele compare os bens jurídicos em disputa e avalie o grau de risco. Imagine-se uma pessoa que precisa submeter-se a uma intervenção cirúrgica urgente, pois está correndo risco de morte. Ela requer ao plano de saúde que dê cobertura, e ele o nega. Se o juiz mandar o plano pagar desde logo, há a possibilidade de que, em caso de improcedência, não consiga reaver o dinheiro. Diante

> de uma dúvida dessa ordem, ele deverá sopesar os bens em oposição: de um lado, a vida do paciente, que não poderá ser reposta; de outro, o dinheiro da ré, que eventualmente pode ser recuperado. Diante da diferença entre os bens jurídicos tutelados, acabará por conceder a medida (pressupõe-se que o pedido formulado seja verossímil).

A mesma doutrina, em outra obra, chancela (GONÇALVES, 2013, p. 1616-1617):

> Não sendo reversíveis os efeitos do provimento, o juiz não deve deferir a tutela antecipada. Mas é preciso considerar que, às vezes, haverá o que Athos Gusmão Carneiro chama de "irreversibilidade recíproca": "Com certa frequência, o pressuposto da irreversibilidade ficará 'superado' ante a constatação da 'recíproca irreversibilidade'. Concedida a antecipação de tutela, e efetivada, cria-se situação irreversível em favor do autor; denegada, a situação será irreversível em prol do demandado".
>
> A solução será o juiz valer-se do princípio da proporcionalidade, determinando a proteção do interesse mais relevante, e afastando o risco mais grave.
>
> A irreversibilidade deve ser levada em conta tanto para negar quanto para conceder a tutela. Se a concessão gerar situação irreversível, e a denegação não, o juiz deve denegá-la; se a denegação gerar situação irreversível, e a concessão não, o juiz deve concedê-la; mas se ambas gerarem situação irreversível, a solução será aplicar o princípio da proporcionalidade.

É como explica Câmara (2011[a], p. 902):

> Diante de dois interesses na iminência de sofrerem dano irreparável, e sendo possível a tutela de apenas um deles, caberá ao juiz proteger o interesse mais relevante, aplicando-se o princípio da proporcionalidade, o que lhe permite, nestas hipóteses, antecipar a tutela jurisdicional (ainda que, com tal antecipação, se produzam efeitos irreversíveis).

A problemática aqui discutida é bem exemplificada por Bedaque (2003, p. 343-345), ao dizer:

> Pense-se, por exemplo, nos frequentes litígios envolvendo planos de saúde, em que as empresas se negam a cobrir as despesas hospitalares em razão do tipo de doença; ou no suposto credor que necessita de dinheiro para realizar operação urgente, que não pode aguardar o final do processo. Como resolver esses casos? Teria o legislador atribuído ao juiz o poder de conceder liminarmente a tutela, porque deu preferência ao valor probabilidade? Em situações excepcionais admite-se o sacrifício do valor segurança. Nos casos de mercadorias perecíveis, por exemplo, sua liberação compromete definitivamente a esfera jurídica do réu, pois a comercialização torna inútil a improcedência da demanda. Já o não atendimento imediato ao pedido do autor gera a completa inutilidade do provimento favorável, pois a mercadoria, ao final do processo, não mais poderá ser utilizada. Outros exemplos ilustram o

> delicado problema com que se depara o julgador, que se vê diante da necessidade de solução imediata, com sacrifício do contraditório e da ampla defesa, para preservar o direito deduzido pelo autor. Um deles é a autorização para que o filho viaje com um dos cônjuges, contra a vontade do outro. Outro é a intervenção cirúrgica que o pai pretende que seja realizada no filho, mas encontra oposição da mulher, que prefere submetê-lo a tratamento por curandeira. Aqui, sim, estamos diante de situação complexa. A antecipação dos efeitos, destinada a garantir o resultado prático do processo, acaba se tornando faticamente irreversível.

Desdobra-se, tal discernimento, na apreciação da proximidade do bem de vida, objeto do litígio, diante dos direitos fundamentais elencados na Constituição Federal, resultando na averiguação concreta de qual das partes teria maior capacidade de tolerar eventual dano a sua esfera jurídica, ou seja, a não concessão da tutela antecipatória não poderia causar danos mais onerosos do que aqueles que eventualmente seriam percebidos pela prolação da sentença.

4.2. Análise de jurisprudência da tutela antecipada

Enfocaremos, neste momento da obra, em como vem sendo tratado o requisito negativo da irreversibilidade dos efeitos do provimento antecipado pela nossa jurisprudência, examinando, com minúcia, as decisões do Superior Tribunal de Justiça (STJ), tendo em vista que tal órgão jurisdicional traça especial contorno à legislação federal pátria.

Obriga-se ter muito cuidado, preliminarmente, ao se examinar os pressupostos para concessão da antecipação de tutela no que concerne ao Recurso Especial (REsp), já que este recurso excepcional, tão somente versa acerca de questões de direito, nunca no plano fático. No tempo em que, quando se trata de reexame de provas, não deve o Superior Tribunal de Justiça conhecer do recurso interposto. Por conta disto que, em sede de REsp de nº 1.289.987 de 07 de fevereiro de 2012, o Min. Relator Mauro Campbell Marques, não admitiu a análise da não concessão da tutela e por conseguinte da irreversibilidade, já que demandava análise probatória, e o fez nos seguintes termos:

> Verifica-se, assim, que a Corte de origem, a partir da análise da prova dos autos, concluiu pela ausência dos requisitos do artigo 273 do Código de Processo Civil para a concessão da tutela antecipada. Afastar tal conclusão do Tribunal a quo implica necessariamente reexame do conjunto fático-probatório dos autos, o que, pelo óbice da Súmula n. 7/STJ, é inviável em sede de recurso especial. (REsp 1.289.987/SP, Rel. Ministro MAURO CAMPBELL MARQUES, SEGUNDA TURMA, julgado em 07/02/2012, DJe 14/02/2012)

Ainda que não tenha havido expressa alusão ao artigo 273, § 2º, Código de Processo Civil de 1973 como um requisito a ser verificado quando da antecipação de tutela, o mesmo fora realizado no REsp de nº 242.816, de 04 de maio 2000. Na oportunidade, o Min. Relator Eduardo Ribeiro, expressamente, deixou consignado o entendimento consoante o qual o artigo 273, § 2º, do Código de Processo Civil de 1973 é um requisito, embora de forma negativa, a ser preenchido quando da antecipação de tutela.

Tratava-se de pedido de antecipação de tutela que almejava à suspensão de campanha publicitária das rés, supostamente violadora dos direitos autorais do autor. Na ocasião, o Min. Relator, confirmando o acórdão do Tribunal de Justiça do Estado do Paraná, assim se manifestou:

> [...] O dano ao direito autoral do autor – fruto de ato culposo, doloso ou de infeliz coincidência, é o que se deverá apurar "já se consumou e é irreversível, na medida em que, conforme bem colocado na decisão de primeiro grau, a ideia do autor já foi posta ao público", não tendo "condições de reaproveitamento com o mesmo impacto, pois uma eventual utilização não trará consigo as qualidades de ineditismo e originalidade". Diante dessas circunstâncias, a imediata suspensão da campanha publicitária das rés não remediaria as lesões causadas ao autor, não sendo capaz de lhe proporcionar nada além da mera satisfação pessoal. [...] (REsp 242.816/PR, Rel. Ministro EDUARDO RIBEIRO, TERCEIRA TURMA, julgado em 04/05/2000, DJ 05/02/2001, p. 103)

Por fim, atendendo ao disposto no § 3º do art. 273 do Código de Processo Civil de 1973, lembrou que o autor sequer se dispôs a prestar algum tipo de caução para garantia de eventuais danos causados ao réu, evidenciando, ademais, a ponderação acerca dos efeitos de uma eventual antecipação da tutela:

> Por outro lado, anote-se que o autor não se dispôs a oferecer nenhum tipo de caução, em hipótese que,

> concedida a tutela e, ao final, julgado improcedente o pedido, os prejuízos das rés seriam extremamente vultosos, tendo em vista o porte da campanha que engloba, não apenas a divulgação de propaganda em si, mas a confecção de um grande número de produtos com o *slogan* "A Cerveja Nota Dez", inclusive as embalagens do produto vendido pela cervejaria ré. O argumento de que a suspensão da campanha pode causar dano irreparável às rés é, pois, ao contrário do que alega o autor recorrente, suficiente para justificar a denegação da tutela antecipada. Tal fundamento ganha ainda mais relevo quando se constata que a continuidade da publicidade promovida pelas rés não causará mal maior do que o efetivamente já verificado pelo autor antes de buscar proteção junto ao Poder Judiciário.

Acerca da já tão relatada e necessária técnica de sopesamento de interesses a ser aplicada, principalmente, quando se trata de investigar sobre o perigo da irreversibilidade, temos o exemplo do Agravo Regimental em MC de nº 2992/RJ. O Exmo. Sr. Min. Barros Monteiro (Terceira Turma do Superior Tribunal de Justiça), em voto de desempate, fez uma sucinta, no entanto, brilhante, ponderação de dois interesses, ao verificar quem, se recorrido ou recorrente, suportaria melhor as consequências da antecipação de tutela deferida. Confira trecho da decisão:

> Tanto o MM. Juiz singular como o Acórdão recorrido teceram comentários acerca da existência de um mal maior, conforme a tutela fosse concedida ou indeferida. É a resposta à indagação: quem perderia

> mais: o requerente ou o requerido? Sopesando-se os elementos expostos pela decisão recorrida e, outrossim, os fatos descritos pelas partes, não tenho dúvida em asserir que o requerido – ora agravante – suportará maiores danos sendo por isso merecedor de uma tutela jurisdicional mais efetiva: opera ele no mesmo ramo há cerca de cinco anos, enquanto que o banco requerente se encontra instalado no País há menos tempo; bastante diferenciada é envergadura que ostentam as empresas em conflito, daí que a confusão de nomes entre elas poderá provocar o sufocamento de que for mais frágil; o banco requerente em várias oportunidades modificou a sua denominação, em maneira que está em melhores condições de faze-lo em mais uma vez, podendo valer-se para tanto de seu reconhecido e admitido potencial econômico. (AgRg na MC 2992/RJ, Rel. MIN. ARI PARGENDLER, TERCEIRA TURMA, julgado em 15/12/2000, DJ 04/06/2001).

No agravo de instrumento nº 1.116.766 - SP, de 29 de agosto de 2009, o Ministro Mauro Campbell Marques, já externara o entendimento consolidado do Superior Tribunal de Justiça, da possibilidade da concessão de tutela antecipada em face da Fazenda Pública, ainda que houvesse o perigo irreversibilidade, como solicitado pelo Município de Piracicaba, vejamos:

> [...] No recurso especial, o recorrente alega, além de que inexiste o perigo da demora na hipótese dos autos, violação: (a) ao artigo 273, inciso I e § 2º, e ao artigo 475, inciso I, ambos do CPC, "que impedem a

> antecipação da tutela quando não houver perigo de irreversibilidade do provimento" (fl. 29); (b) bem como ao artigo 1º, da Lei n. 9.494/97 e ao artigo 1º, § 3º, da Lei n. 8.437/92, "que impendem a concessão de tutela contra o poder público que esgotem, no todo ou em parte, o objeto da ação principal; e, por fim, (c) ao artigo 730, do CPC, pois não os recorridos não podem executar a pretensão deferida na tutela antecipada porque a execução contra a Fazenda deve possuir natureza definitiva. [...]
>
> [...] Não merece acolhida a pretensão recursal, pois, conforme o entendimento desta Corte, é possível a antecipação de tutela contra a Fazenda Pública quando a hipótese dos autos se refere à dívida alimentícia necessária à sobrevivência daquele que a requer. [...] (Ag 1.116.766 / SP, Min. MAURO CAMPBELL MARQUES, julgado em 29/08/2009, DJe 10/09/2009).

A antecipação do provimento jurisdicional em face da Fazenda Pública é um assunto extremamente controverso na doutrina que produz reflexos na jurisprudência. Alguns entendem não caber a antecipação neste caso, em razão do fato de que todas as sentenças desfavoráveis a Fazenda Pública estão submetidas ao duplo grau de jurisdição. Entretanto, tal problemática, sob este exato aspecto, por fugir de nosso tema central, não será abordado no presente trabalho.

Importante ressaltar, neste ponto, que é comum que o pedido de antecipação de tutela em face da Fazenda Pública seja negado com fundamento na presença do requisito negativo da irreversibilidade da decisão, eis que os débitos da

Fazenda Pública são solvidos por meio dos precatórios, por previsão constitucional. Nesse sentido temos o REsp de nº 190361/SP[4], no qual o Min. Relator Garcia Vieira, após negar a antecipação de tutela contra a União e suas autarquias, considerando que a própria sentença estava sujeita ao duplo grau de jurisdição, decidiu que o pressuposto da irreversibilidade impossibilitava a antecipação da tutela, já que os pagamentos são feitos por meio de precatórios (artigo 100, Constituição da República Federativa do Brasil).

Em posicionamento absolutamente oposto, encontramos decisões que, deixando de lado o sistema dos precatórios, entenderam que não haverá prejuízo irreparável à Fazenda Pública, caso a tutela seja antecipada, eis que essa poderá cobrar eventual dívida fiscal após a sentença que julgue improcedente o pedido.

O Min. Adhemar Maciel, no REsp de nº 144656/ES, de 06 de outubro de 1997, poucos anos depois da inserção do instituto em nosso ordenamento, firmou entendimento no sentido de que a antecipação de tutela não supõe prejuízo irreparável a Fazenda Pública, concluindo que:

> [...] caso a sentença final seja de improcedência da demanda, a Fazenda Pública poderá cobrar a eventual dívida fiscal. Além do mais, é preciso ter em mente que a exigência da irreversibilidade inserta no § 2º do art. 273 do Código de Processo Civil de 1973 não pode ser levada ao extremo, sob pena de o novel instituto da tutela antecipatória não cum-

4 REsp 190361 / SP, Rel. Min. GARCIA VIEIRA - PRIMEIRA TURMA, julgado 3/12/1998 DJ 8/03/1999.

> prir a excelsa missão a que se destina. [...] (REsp 144.656/ES, Rel. Ministro ADHEMAR MACIEL, SEGUNDA TURMA, julgado em 06/10/1997, DJ 27/10/1997, p. 54778)

Ao derradeiro, consignou expressamente: "Nada obsta, por outro lado, que a tutela antecipatória seja concedida nas ações movidas contra as pessoas jurídicas de direito público interno".

Caso se entenda que a antecipação de tutela contra a Fazenda Pública só não possa ser admitida por afrontar a sistemática constitucional dos precatórios, tal oposição não ocorrerá em lides que não versem diretamente sobre obrigações de cunho patrimonial.

Neste diapasão, no REsp de nº 101.629, o Superior Tribunal de Justiça, em acórdão da lavra do Min. Humberto Gomes de Barros, por maioria de votos, conheceu uma antecipação de tutela contra o Município de São Paulo. No caso, o Município recorreu ao Superior Tribunal de Justiça de decisão que antecipou a tutela, requerida por um sindicato, para excluir de uma campanha publicitária municipal os termos potencialmente lesivos às casas de refeição.

Entendeu-se que a propagação de tais termos é que poderia trazer danos irreversíveis, e não a exclusão desta. Assim se pronunciou o Exmo. Sr. Ministro Relator:

> Em verdade, a liminar manteve-se nos limites do bom senso: não vedou o desenvolvimento da campanha; apenas colocou sob exame duas expressões de grande força publicitária, mas potencialmente lesivas às casas de refeição. Deixar que tais sejam veiculadas seria incorpora-las, definitivamente ao jargão e ao

> anedotário. Se trouxerem danos, eles serão irreversíveis. (REsp 101.629/SP, Rel. Ministro HUMBERTO GOMES DE BARROS, PRIMEIRA TURMA, julgado em 08/05/1997, DJ 16/06/1997, p. 27321).

Em voto vencido, o Exmo. Sr. Min. José Delgado declarou que, em se concedendo a tutela (negando provimento ao recurso, portanto), estar-se-ia descumprindo duas regras que devem ser respeitadas no âmbito da antecipação. A primeira, é que a tutela antecipada sempre se executa provisoriamente. Já a segunda, concerne à exigência do duplo grau de jurisdição obrigatório em face da Fazenda Pública, impedindo, assim, a concessão da tutela antecipada, caso a decisão produza efeito imediato contra o erário público.

Ainda, em matéria de antecipação de tutela em face da Fazenda Pública, é importante que se frise que o Pleno do Supremo Tribunal Federal, no bojo da Ação Declaratória de Constitucionalidade de nº 04[5], deferiu medida cautelar para suspender, *ex nunc*, e com efeito vinculante, até julgamento final da ação, a concessão de tutela em face da Fazenda Pública, que tivesse por pressuposto a constitucionalidade ou inconstitucionalidade do art. 1º da Lei nº 9.494, de 10 de setembro 1997. Um dos fundamentos do acórdão residiu, inclusive, no fato de que, em se concedendo a tutela antecipada, contrariar-se-ia o pressuposto da irreversibilidade, eis que se foge à sistemática dos precatórios. Eis trecho da ementa:

5 ADC 4, Relator(a): Min. SYDNEY SANCHES, Relator(a) p/ Acórdão: Min. CELSO DE MELLO, Tribunal Pleno, julgado em 01/10/2008, DJe-213 DIVULG 29-10-2014 PUBLIC 30-10-2014 EMENT VOL-02754-01 PP-00001

> Está igualmente atendido o pressuposto do 'periculum in mora', em face da alta conveniência da Administração Publica, pressionada por liminares que, apesar do disposto na norma impugnada, determinam a incorporação imediata de acréscimos de vencimentos, na folha de pagamento de grande número de servidores e até o pagamento imediato de diferenças atrasadas. E tudo sem o precatório exigido pelo art. 100 da Constituição Federal e, ainda, sob as ameaças noticiadas na inicial e demonstradas com os documentos que a instruíram.

Finda a ação declaratória supracitada, o Supremo Tribunal Federal declarou, como dito outrora, a constitucionalidade da lei que afirma que não se poderá conceder antecipação de tutela contra a Fazenda Pública. Entretanto, o próprio Supremo tem excepcionado o rigor de sua decisão, a fim de permitir, por exemplo, a concessão da tutela antecipada em matéria de natureza previdenciária, talvez, justamente, em virtude da ponderação já falada, privilegiando o princípio da dignidade da pessoa humana (a fim de permitir subsistência da parte adversa do ente público). Confira trecho do Informativo do STF nº 248:

> Tutela Antecipada e Benefícios Previdenciários: Não se aplica, em matéria de natureza previdenciária, a decisão do STF na ADC – 4([...]) Precedentes citados: RCL 1015-RJ (DJU de 24.8.2001) e RCL 1122-RS (DJU de 6.9.2001) RCL 1014-RJ e RCL 1136-RS, rel. Min. Moreira Alves, 24.10.2001.

Para reforçar sua tese, o Supremo Tribunal Federal reconheceu que, embora não tivesse identificado a inconstitucionalidade do ato normativo, em tese, ela poderia ser detectada quando da aplicação em eventual caso em concreto, haja vista os valores a serem sopesados. Isso se dá porque nem todo confronto de interesses pode ser feito de maneira abstrata, nem sempre o legislador e a Corte Constitucional tem instrumentos adequados para fazê-lo. Essa avaliação só poderá ser realizada no caso concreto com todas as suas nuanças (DIDIER JÚNIOR; BRAGA; OLIVEIRA R., 2015, p. 638).

Não bastasse o legislador novamente resolveu premiar a Fazenda Pública, por ocasião da publicação da Lei nº 12.016/2009, buscando tornar inócua a tutela antecipada em desfavor da administração pública como ressalta Bueno (2010, p. 55):

> O § 5° do art. 7° da Lei nº 12.016/2009 introduz assunto alheio ao mandado de segurança mas que, da mesma forma que o § 2° do dispositivo, revela a sua real finalidade: tornar inócua e realmente vazia de qualquer significado prático a prestação da tutela jurisdicional quando se está diante de algumas situações em face do Estado-administração. É o que o inciso II do art. 7° da Lei Complementar nº 95/1998, ao disciplinar o processo legislativo, chama de "afinidade, pertinência ou conexão" no trato legislativo. Aqui, a nota comum aos dispositivos comentados é o desarmamento do Poder Judiciário em face de determinadas ilegalidades ou abusividades da Administração Pública. Até porque, não fosse assim, seria de se perguntar o que o dispositivo, que nada tem a ver com mandado de segurança,

> está fazendo na Lei que o disciplina na sua forma individual e coletiva.
> A regra determina que "as vedações relacionadas com a concessão de liminares previstas neste artigo se estendem à tutela antecipada a que se referem os arts. 273 e 461 da Lei nº 5.869, de 11 de janeiro de 1973 – Código de Processo Civil", limitando, destarte, o "dever-poder geral de antecipação" previsto naqueles dispositivos legais que acabam por englobar também as hipóteses do art. 461-A do Código de Processo Civil, que disciplina a chamada "tutela específica das obrigações de dar coisa".

Por termo, cumpre-nos esclarecer, tal como o fez o Min. Ari Pargendler em REsp 87.901/RJ, que o "fato irreversível" não se confunde com "fato consumado". Aquele prescinde de declaração de ato do juiz, e não é um simples fato da vida que põe fim ao processo pela perda do objeto. "Fato consumado", construção jurisprudencial, tem sido contemplada como expressão que indica um fato inibidor de prolatação de sentenças mais onerosas a uma determinada parte, se cotejada com a situação anterior ao deferimento de uma liminar em seu favor. O chamado fato consumado é rogado, diversas vezes, por sujeitos que concluem cursos em virtude das medidas liminares, cujos efeitos se protelam no tempo. Eis passagem de seu voto:

> Nos desvãos das situações anômalas, o Tribunal tem a missão de desmistificar a lógica e dar prioridade à vida. A jurisprudência do Supremo Tribunal Federal e o Tribunal Federal de Recursos foi sensível a esse propósito. Verdade que nem sempre

> acertou no diagnóstico, porque – sob o abrigo do fato consumado – agasalhou situações que nele não se subsumiam. O fato consumado propriamente tal induz, do ponto de vista lógico, à perda do objeto do processo. Existente o fato consumado, o provimento judicial não se torna apenas desnecessário, mas impossível. Sob a expressão fato consumado, o direito pretoriano tem efetivamente considerado a utilidade da sentença judicial, que não pode infligir a parte dano maior do que teria sofrido se não lhe tivesse sido deferida a medida liminar. "Fato consumado", no modo como tem sido focalizado, não é aquele irreversível, pois para declará-lo é dispensável o ato do juiz. Fato consumado, no modo com tem sido focalizado, não é aquele irreversível, pois para os efeitos visados, é o que não convém seja modificado, sob pena de afrontar valores. (REsp 87.901/RJ, Rel. Ministro ARI PARGENDLER, SEGUNDA TURMA, julgado em 25/09/1997, DJ 13/10/1997, p. 51557).

Dessa forma, o mandamento legal previsto no § 2º do art. 273 do Código de Processo Civil de 1973 na prática forense, vinha sendo equacionado, nos casos em que há irreversibilidade do provimento, por meio de uma balança, sopesando os valores em jogo, a fim de que, caso a caso, o julgador decida para qual lado pende a balança, como deverá ser feito atualmente em virtude da repetição do dispositivo no Código de Processo Civil de 2015 no § 3º do art. 300.

Conclusão

Abordamos, na primeira parte do trabalho, a inadequação do processo à efetiva prestação da tutela jurisdicional de urgência, o que levava aos operadores do Direito se utilizarem da criatividade, a fim de suprir as faltas previstas na legislação até aquele momento, com fundamento nos valores constitucionais do acesso à justiça.

O anseio da sociedade por uma resposta hábil, a fim de materializar as tutelas de urgência satisfativa que, como já vimos, não se confundem com a tutela cautelar nem com o julgamento antecipado da lide, levou à reforma do Código de Processo Civil de 1973, com base em orientações de consagrados doutrinadores brasileiros e experiências de outros países, tais como o de Portugal, que já previa regramento das tutelas de urgência satisfativas antes mesmo do Direito Brasileiro.

Posteriormente, abordamos os requisitos positivos, ou seja, que devem estar presentes no caso em concreto para a concessão da antecipação dos efeitos da tutela pretendida, cumulado com requisitos negativos que, por sua vez, se estiverem presentes no caso analisado, poderão levar ao indeferimento da antecipação.

Por se tratar do foco principal do estudo adentramos com maior profundidade no requisito negativo, inclusive com análise jurisprudencial.

Como prova de que o assunto abordado é extremamente atual, analisamos brevemente o Código de Processo Civil de 2015 com previsão de entrada em vigor em março de 2016, que repete o § 2º do art. 273 do Código de Processo Civil de 1973.

A nova redação do Código de Processo Civil de 2015 que, materialmente, permaneceu a mesma do Código de Processo Civil de 1973, como foi visto ao longo do trabalho, trouxe previsão expressa acerca da possibilidade de conversão de eventual dano em decorrência concessão da tutela antecipada, em perdas e danos, para fazer frente à irreversibilidade dos efeitos do provimento, conforme previsão do art. 302.

Vimos que o desenvolvimento da sociedade e, principalmente, a valorização das garantidas fundamentais, refletiram no processo judicial pátrio e que, a tutela antecipatória inserida no texto do Código de Processo Civil de 1973, incorpora-se com uma abordagem do processo intimamente ligada à busca da efetividade da prestação jurisdicional.

Em que pese a relativa inovação trazida pela tutela antecipatória, o seu exercício deve ser feito negando-se a inocorrência de fórmulas casuísticas, que tão somente difundem indesejável instabilidade jurídica.

Não obstante a necessidade de observação do requisito negativo, impedindo a concessão antecipada de provimento de efeitos irreversíveis, destacando-se, ainda, a precariedade da cognição realizada pelo juízo, já que esta é sumária e não exauriente, torna-se evidente que tal regra pode ser excepcionada, ainda que em detrimento do direito à ampla defesa e ao contraditório do réu, já que essa garantia ficará deslocada para um momento posterior.

Por tal motivo, ainda que esteja patente a presença do requisito negativo, o magistrado poderá, com fundamento no princípio da proporcionalidade, conceder a antecipação dos efeitos da tutela quando verificar que os danos a serem suportados pelo autor superam aqueles possíveis danos para o réu, diante da concessão do provimento. Como analisamos, essa é uma atitude comum, principalmente, quando o bem tutelado é a vida, o qual demanda cautela e prioridades.

Corrobora-se, portanto, que o juiz, deverá ponderar constantemente os interesses em litígio, apreciando a infungibilidade do bem da vida pretendido, para que se opte pela medida mais justa, garantindo a solução mais congruente aos escopos sociais e jurídicos do processo.

Ao réu, caso prejudicado pela irreversibilidade dos efeitos do provimento antecipado, caberá a indenização por meio de ação própria para apurar se houve ou não erro do juízo na ponderação exposta, a fim de minimizar os efeitos da concessão do provimento irreversível.

Referências Bibliográficas

ALMEIDA, Renato F. de. (2013) – *Tutela antecipada (art. 273).* [Em linha]. [Consulta em 20 de março de 2013]. Disponível em: <http://www.ufsm.br/direito/artigos/processo-civil/tutela-antecipada.htm>.

ALVAREZ, Anselmo Prieto; NOVAES FILHO, Wladimir (2001) – *A Constituição dos EUA anotada.* São Paulo: LTr.

ALVIM, J. E. Carreira (1996) – *Código de processo civil reformado.* 3ª ed. Belo Horizonte: Livraria Del Rey Editora.

AMARAL, Jorge Augusto Pais do (2013) – *Direito processual civil.* 11ª ed. Coimbra: Almedina.

AMENDOEIRA JÚNIOR, Sidnei (2012) – *Manual de processo civil:* Teoria geral dos recursos; recursos em espécie; ações impugnativas autônomas; liquidação e cumprimento de sentença. São Paulo: Saraiva. Vol. 2.

ANDRIGHI, Fátima Nancy (2000) – *Estrutura e dinâmica do poder judiciário norte-americano:* aspectos de composição judicial e extrajudicial dos litígios. [Em linha]. Brasília, 2000. [Consulta em 22 de julho de 2015]. Disponível em: <http://bdjur.stj.jus.br/dspace/handle/2011/653>.

ARAGÃO, Dirceu Moniz de (1996) – *Alterações no Código de Processo Civil:* tutela antecipada, perícia In Reforma do código de processo civil. São Paulo: Saraiva.

ARMELIN, Donaldo; BONICIO, Marcelo J. M.; CIANI, Mirna; QUARTIERI, Rita (2009) – *Comentários à execução civil:* Título judicial e extrajudicial (artigo por artigo). 2ª ed. São Paulo: Saraiva.

ASSIS, Araken de (1997) – Antecipação de tutela. In. Teresa Arruda Alvim Wambier. (Org.). *Aspectos polêmicos da antecipação de tutela.* São Paulo: Revista dos Tribunais, p. 13-36.

ASSIS, Araken de (out/dez 2000) – *Fungibilidade das medidas inominadas cautelares e satisfativas:* Revista de Processo. Repro 100. São Paulo: Revista dos Tribunais.

BASTOS, Antônio Adonias Aguiar (2006) - *O direito fundamental à razoável duração do processo e a reforma do Poder Judiciário:* uma desmistificação. Reforma do Poder Judiciário de acordo com a EC 45.2004. São Paulo: Saraiva.

BEDAQUE, José Roberto dos Santos (2003) - *Tutela cautelar e tutela antecipada:* tutelas sumárias e de urgência (tentativa de sistematização). 3ª ed. São Paulo: Editora Malheiros.

BEDAQUE, José Roberto dos Santos (2010) - *Efetividade e técnica processual.* São Paulo: Editora Malheiros.

BEDAQUE, José Roberto dos Santos (2011) - *Tutela cautelar e tutela antecipada:* tutelas sumárias de urgência (tentativa de sistematização). 2ª ed. São Paulo: Editora Malheiros.

BERMUDES, Sérgio (1995) - *A Reforma do código de processo civil.* Rio de Janeiro: Livraria Freitas Bastos.

BERMUDES, Sérgio (2010) - *As reformas do código de processo civil.* 3ª ed. São Paulo: Saraiva.

BOURGUIGNON, Álvaro M. R (1999) - *Embargos de Retenção por Benfeitorias.* São Paulo: Revista dos Tribunais.

BUENO, Cássio Scarpinella (2004) - *Tutela antecipada.* São Paulo: Saraiva.

BUENO, Cássio Scarpinella (2006) - *A nova etapa da reforma do código de processo civil.* 2ª ed. São Paulo: Saraiva. Vol. 1.

BUENO, Cássio Scarpinella (2007) - *A nova etapa da reforma do código de processo civil.* 2ª ed. São Paulo: Saraiva, Vol. 2.

BUENO, Cássio Scarpinella (2010) - *A nova lei do mandado de segurança.* 2ª ed. São Paulo: Saraiva.

BUENO, Cássio Scarpinella (2012[a]) - *Curso sistematizado de direito processual civil:* Procedimento comum: ordinário e sumário. 5ª ed. São Paulo: Saraiva.

BUENO, Cássio Scarpinella (2012[b]) - *Curso sistematizado de direito processual civil.* Teoria geral do direito processual civil. 6ª ed. São Paulo: Saraiva.

BUENO, Cássio Scarpinella (2012[c]) - *Curso sistematizado de direito processual civil:* Tutela jurisdicional executiva. 5ª ed. São Paulo: Saraiva.

CALMON, Eliana (2004) - Concessão de liminares. In *Revista Jurídica Consulex.* Vol. 8. nº 168. São Paulo: Editora Consulex.

CÂMARA, Alexandre Freitas (2002) - *Lições de direito processual civil.* Rio de Janeiro: Lumen Juris. Vol.1.

CÂMARA, Alexandre Freitas (2011[a]) - *Lições de direito processual civil.* 21ª ed. Rio de Janeiro: Lumen Juris, Vol. 1.

CÂMARA, Alexandre Freitas (2011[b]) - *Lições de direito processual civil.* 19ª ed. Rio de Janeiro: Lumen Juris, Vol. 2.

CAPPELLETTI, Mauro; GARTH, Bryant (1988) - *Acesso à Justiça*. Porto Alegre: Sérgio Antônio Fabris Editor.

CARNELUTTI, Francesco (1971) - *Derecho Procesal Civil y Penal*. Buenos Aires: Ediciones Jurídicas.

CARNEIRO, Athos Gusmão (2000) - Aspectos da tutela antecipada no direito processual civil brasileiro. In *Revista Forense*. Vol. 350.

CARNEIRO, Athos Gusmão (2004) - *Da antecipação de tutela*. 5ª ed. Rio de Janeiro: Editora Forense.

CARNEIRO, Athos Gusmão (2010) - *Intervenção de terceiros*. 19ª ed. São Paulo: Saraiva.

CASELLA, José Erasmo (2008) - *Manual de prática forense*. A nova reforma do Código De Processo Civil. 7ª ed. São Paulo: Saraiva.

CHIMENTI, Ricardo Cunha (2010) - *Juizados especiais da Fazenda Pública*. São Paulo: Saraiva.

CHIMENTI, Ricardo Cunha (2012) - *Teoria e prática dos juizados especiais cíveis estaduais e federais*. 13ª ed. São Paulo: Saraiva.

CORREIA, Marcus Orione Gonçalves (2012) - *Teoria geral do processo*. 5ª ed. São Paulo: Saraiva.

COSTA, Eduardo José da Fonseca (2011) - *Tutela de evidência no Projeto de novo Código De Processo Civil* - uma análise de seus pressupostos. O futuro do Processo Civil no Brasil - uma análise crítica ao projeto de novo Código De Processo Civil. Belo Horizonte: Fórum.

COSTA, Nelson Nery (2012) - *Constituição Federal anotada e explicada*. 5ª ed. Rio de Janeiro, Editora Forense.

CRUZ E TUCCI, José Rogério (1997) - *Tempo e Processo*. São Paulo: Editora Revista dos Tribunais.

DIAS, André Petzhold (2014) - *Processo civil nas tradições brasileira e iberoamericana*. Ação cautelar: Reflexos de uma análise atual de seus elementos objetivos. Florianópolis: Editora Conceito Editorial.

DIDIER JÚNIOR, Fredie (2015) - *Curso de direito processual civil:* introdução ao direito processual civil, parte geral e processo de conhecimento. 17ª ed. Salvador: Editora Jus Podivm.

DIDIER JÚNIOR, Fredie; BRAGA, Paula Sarno; OLIVEIRA, Rafael Alexandria de (2015) - *Curso de direito processual civil:* teoria da prova, direito probatório, ações probatórias, decisão, precedente, coisa julgada e antecipação dos efeitos da tutela. 10ª ed. Salvador: Editora Jus Podivm.

DINAMARCO, Cândido Rangel (2003) - *A instrumentalidade do processo*. São Paulo: Editora Malheiros.

DINAMARCO, Cândido Rangel (2009) - *Vocabulário do processo civil*. São Paulo: Malheiros.

FANTONI JÚNIOR, Neyton (1997) - Tutela antecipada à luz da efetividade da CF e do prestígio da Função Jurisdicional. In *Revista de Processo.* ano 22. Vol. 86. São Paulo: Revista dos Tribunais.

FARIA, Paulo Ramos de; LOUREIRO, Ana Luísa. (2014) - *Primeiras notas ao novo código de processo civil.* 2ª ed. Coimbra: Almedina, vol. 1.

FRIEDE, Reis (1999) - *Tutela antecipada, tutela específica e tutela cautelar.* 5ª ed. Belo Horizonte: Del Rey.

GONÇALVES, Marcus Vinícius Rios (2012ª) - *Direito processual civil esquematizado.* 2ª ed. São Paulo: Saraiva.

GONÇALVES, Marcus Vinícius Rios (2013) - *Direito processual civil esquematizado.* 3ª ed. São Paulo: Saraiva.

GONÇALVES, Marcus Vinícius Rios (2012[b]) - *Novo curso de direito processual civil:* Execução e processo cautelar. 5ª ed. São Paulo: Saraiva, v. 3.

GONÇALVES, Marcus Vinícius Rios (2012[c]) - *Novo curso de direito processual civil:* Processo de conhecimento e procedimentos especiais. 8ª ed. São Paulo: Saraiva, v. 2.

GONÇALVES, Marcus Vinícius Rios (2012[d]) - *Novo curso de direito processual civil:* Teoria geral e processo de conhecimento. 9ª ed. São Paulo: Saraiva, v. 1.

GRECO FILHO, Vicente (2012) - *Direito processual civil brasileiro.* 21ª ed. São Paulo: Saraiva. Vol. 3.

GRINOVER, Ada Pellegrini (2005) - Tutela jurisdicional diferenciada: a antecipação e sua estabilização. In *Revista de Processo.* Repro 121, mar/2005 São Paulo: Revista dos Tribunais.

LACERDA, Galeno (1981) - *Comentários ao código de processo civil.* 2ª ed. Rio de Janeiro: Editora Forense. Vol. VIII.

LOPES, João Batista (2001) - *Tutela antecipada no processo civil brasileiro.* São Paulo: Saraiva.

MARINONI, Luiz Guilherme (1993) - Novidades sobre a tutela antecipatória. In *Revista de Processo.* nº 69, jan/mar. São Paulo: Revista dos Tribunais.

MARINONI, Luiz Guilherme (2004) - *A antecipação de tutela.* 8ª ed. São Paulo: Editora Malheiros.

MCCARTHY, J. Thomas (2009-2010) - *Are Preliminary Injunctions Against Trademark Infringement Getting Harder to Achieve?* 14 Intell. Prop. L. Bull 1.

MEDINA, José Miguel Garcia (1997) - A tutela antecipatória e o perigo da irreversibilidade do provimento. In *Revista de Processo.* ano 22, v. 86. São Paulo: Revista dos Tribunais.

MEZZOMO, Marcelo Colombelli (2002) - Antecipação da tutela no processo de execução e a supressão do efeito suspensivo dos embargos. In *Revista Jus Navigandi.* [Em linha]. Teresina: ano 7, nº 60, 1 nov. 2002. [Consulta em 04 de abril de 2013]. Disponível em: <https://jus.com.br/artigos/3541>.

MIRANDA NETTO, Fernando Gama de (2005) - *A ponderação de interesses na tutela de urgência irreversível.* Rio de Janeiro: Lumen Juris.

MITIDIERO, Daniel Francisco (2006) - *Comentários ao código de processo civil.* São Paulo: Memória jurídica, t. 3.

MORTANS DE SÁ, Renato; FREIRE, Rodrigo de Cunha Lima (2012[a]) - *Processo civil I:* Teoria geral do processo. São Paulo: Saraiva. Vol. 22.

MORTANS DE SÁ, Renato; FREIRE, Rodrigo de Cunha Lima (2012[b]) - *Processo civil II:* Processo de conhecimento. São Paulo: Saraiva, Vol. 23.

MORTANS DE SÁ, Renato; FREIRE, Rodrigo de Cunha Lima (2012[c]) - *Processo civil III:* Recursos cíveis e outros meios de impugnação às decisões judiciais. São Paulo: Saraiva, v. 24.

MORTANS DE SÁ, Renato; FREIRE, Rodrigo de Cunha Lima (2012[d]) - *Processo civil IV:* Execução. São Paulo: Saraiva, v. 25.

MORTON, Denlow (2003) - *The Motion for a Preliminary Injunction:* Time for a Uniform Federal Standard. 22 REV. LITIG. 495, 496.

OLIVEIRA, Carlos Alberto Álvaro de (1997) - Alcance e natureza da tutela antecipatória. In *Revista Forense,* Rio de Janeiro: Vol. 337.

OLIVEIRA, Carlos Alberto Álvaro de (2003) - Poderes do juiz e visão cooperativa do processo. In *Revista de Direito Processual Civil.* Curitiba: Gênesis, n.27, p.22-51.

ORIONE NETO, Luiz (2004) - Processo cautelar. São Paulo: Saraiva.

PAULA, Jônatas Luiz Moreira de (2002) - *História do Direito Processual Brasileiro:* Das origens lusas à Escola Crítica do Processo. 1ª ed. Barueri: Manole.

PASSOS, J.J. Calmon de (1996) - *Da antecipação de tutela.* Reforma do código de processo civil. São Paulo: Saraiva.

PEREIRA, Rosalina Pinto da Costa Rodrigues (1988) - Tutela antecipatória. In *Revista Forense.* Rio de Janeiro: Vol. 343.

PINHEIRO, Paulo Eduardo D'Arce (2011) - Poderes executórios do juiz. São Paulo: Saraiva.

PINHO, Humberto Dalla Bernardina de (2012[a]) - *Direito processual civil contemporâneo:* Processo de conhecimento, cautelar, execução e procedimentos especiais. São Paulo: Saraiva.

PINHO, Humberto Dalla Bernardina de (2012[b]) - *Direito processual civil contemporâneo:* Teoria geral do processo. 4ª ed. São Paulo: Saraiva.

SANTOS, Ernane Fidélis dos (1999) - Antecipação da Tutela Satisfativa na Doutrina e na Jurisprudência. In. *Revista de Processo.* ano 24. Vol. 96. São Paulo: Revista dos Tribunais.

SILVA, Ovídio A. Baptista da (1996) - A "antecipação" da tutela na recente reforma processual. In TEIXEIRA, Sávio de Figueiredo (Coord.). *Reforma do código de processo civil.* São Paulo: Editora Saraiva.

SOARES, Rogério Aguiar Munhoz (2000) - Tutela jurisdicional diferenciada: tutelas de urgência e medidas liminares em geral. São Paulo: Malheiros Editores.

SOUSA, Miguel Teixeira de (1997) - *As partes, o objecto e a prova na acção declarativa.* Lisboa: Lex.

TEIXEIRA, Sálvio Figueiredo (Org.) (1996) - *Reforma do código de processo civil.* São Paulo: Saraiva.

THEODORO JÚNIOR, Humberto (1997) - Tutela Antecipada. In Teresa Arruda Alvim Wambier (coord.) *Aspectos Polêmicos da Antecipação de Tutela.* São Paulo: Revista dos Tribunais.

THEODORO JÚNIOR, Humberto (2005) - *Processo cautelar.* 22ª Edição Revisada e Atualizada. São Paulo: Livraria e Editora Universitária de Direito.

WAMBIER, Teresa Arruda Alvim (Coord.) (1997) - *Aspectos polêmicos da antecipação de tutela.* São Paulo: Editora Revista dos Tribunais.

WATANABE, Kazuo (1996) - Tutela antecipatória e Tutela específica das obrigações de fazer e não fazer. In TEIXEIRA, S. F. (Coord) *Reforma do código de processo civil.* São Paulo: Saraiva.

WATANABE, Kazuo (2012) - *Cognição no processo civil.* 4ª ed. São Paulo: Saraiva.

ZAVASCKI, Teori Albino (1996) - Antecipação de Tutela e Colisão de Direitos Fundamentais. In TEIXEIRA, S. F. (Coord) *Reforma do código de processo civil.* São Paulo: Saraiva.

ZAVASCKI, Teori Albino (1999) - *Antecipação de tutela.* 2ª ed. São Paulo: Saraiva.

LEGISLAÇÃO, PRECEDENTES E DOCUMENTOS CORRELATOS

BRASIL. *Decreto nº 6.583 de 29 de setembro de 2008.* Retifica o Acordo Ortográfico da Língua Portuguesa. Diário Oficial de União de 30.09.2008. [Em linha]. Brasília, 2008. [Consulta em 12 de julho de 2016]. Disponível em: <http://www.planalto.gov.br/ccivil_03/_Ato2007-2010/2008/Decreto/D6583.htm>.

BRASIL. *Código de Processo Civil de 1973* - Lei nº 5.869 de 11 de janeiro de 1973. Diário Oficial da União de 17.01.1973. [Em linha]. Brasília, 1973. [Consulta em 22 de Setembro de 2014]. Disponível em: <http://www.planalto.gov.br/ccivil_03/leis/L5869.htm>.

BRASIL. *Lei nº 8.952 de 13 de dezembro de 1994* - Altera dispositivos do Código de Processo Civil sobre o processo de conhecimento e o processo cautelar. Diário Oficial da União de 14.12.1994. [Em linha]. Brasília, 1994.

[Consulta em 15 de junho de 2015]. Disponível em: <http://www.planalto.gov.br/ccivil_03/leis/L8952.htm#art1>.

BRASIL. *Lei nº 10.444 de 7 de maio de 2002* – Altera a Lei nº 5.869, de 11 de janeiro de 1973 – Código de Processo Civil. Diário Oficial da União de 8.05.2002. [Em linha]. Brasília, 2002. [Consulta em 15 de junho de 2015]. Disponível em: <http://www.planalto.gov.br/ccivil_03/leis/2002/L10444.htm#art273§6>.

BRASIL. *Código de Processo Civil de 2015* – Lei nº 13.105 de 16 de março de 2015. Diário Oficial da União de 17.03.2015. [Em linha]. Brasília, 2015. [Consulta em 22 de março de 2016]. Disponível em: <http://www.planalto.gov.br/ccivil_03/_ato2015-2018/2015/lei/l13105.htm>.

BRASIL. *Decreto-Lei nº 911 de 1 de outubro de 1969* – estabelece normas de processo sobre alienação fiduciária e dá outras providências. Diário Oficial da União de 3.10.1969 [Em linha]. Brasília, 1969. [Consulta em 03 de março de 2015]. Disponível em: <http://www.planalto.gov.br/ccivil_03/decreto-lei/1965-1988/Del0911.htm>.

BRASIL. *Lei nº 1.533 de 31 de dezembro de 1951* – Altera disposições do Código do Processo Civil, relativas ao mandado de segurança. Diário Oficial da União de 31.12.1951. [Em linha]. Brasil, 1951. [Consulta em 3 de março de 2015]. Disponível em: <http://www.planalto.gov.br/ccivil_03/leis/L1533.htm>.

BRASIL. *Decreto-Lei nº 3.365 de 21 de junho de 1941* – Dispõe sobre desapropriações por utilidade pública. Diário Oficial da União de 18.07.1941. [Em linha]. Brasil, 1941. [Consulta em 3 de março de 2015]. Disponível em: <http://www.planalto.gov.br/ccivil_03/decreto-lei/Del3365.htm>.

BRASIL. *Lei nº 4.717 de 29 de junho de 1965.* Regula a ação popular. Diário Oficial da União de 5.07.65. [Em linha]. Brasília, 1965. [Consulta em 3 de março de 2015]. Disponível em: <http://www.planalto.gov.br/ccivil_03/leis/L4717.htm>.

BRASIL. *Lei nº 7.347 de 24 de julho de 1985.* Disciplina a ação civil pública de responsabilidade por danos causados ao meio-ambiente, ao consumidor, a bens e direitos de valor artístico, estético, histórico, turístico e paisagístico e dá outras providências. Diário Oficial da União de 25.07.85. [Em linha]. Brasília, 1985. [Consulta em 3 de março de 2015]. Disponível em: <http://www.planalto.gov.br/ccivil_03/leis/L7347orig.htm>.

BRASIL. *Lei nº 8.245 de 18 de outubro de 1991* – Dispõe sobre as locações dos imóveis urbanos e os procedimentos a elas pertinentes. Diário Oficial da União de 21.10.1991. [Em linha]. Brasília, 1991. [Consulta em 3 de março de 2015]. Disponível em: <http://www.planalto.gov.br/ccivil_03/leis/l8245.htm>.

BRASIL. *Lei nº 8.078 de 11 de setembro de 1990.* Dispõe sobre a proteção do consumidor e dá outras providências. Diário Oficial da União de 12.09.1990. [Em linha]. Brasília, 1990. [Consulta em 3 de março de 2015]. Disponível em: <http://www.planalto.gov.br/ccivil_03/leis/L8078.htm>.

BRASIL. Superior Tribunal de Justiça. *REsp 164.679/CE,* Rel. Ministro JORGE SCARTEZZINI, QUINTA TURMA, julgado em 05/10/1999, Diário da Justiça de 07/02/2000. Brasil, 2000.

BRASIL. Superior Tribunal de Justiça. *REsp 242.816/PR,* Rel. Ministro EDUARDO RIBEIRO, TERCEIRA TURMA, julgado em 04/05/2000, Diário da Justiça de 05/02/2001. Brasil, 2001.

BRASIL. Superior Tribunal de Justiça. *AgRg na MC 2992/RJ.* Rel. MIN. ARI PARGENDLER, TERCEIRA TURMA, julgado em 15/12/2000, Diário da Justiça de 04/06/2001. Brasil, 2001.

BRASIL. Superior Tribunal de Justiça. *MC 2038/SP.* Rel. Min. JOSÉ DELGADO, PRIMEIRA TURMA, julgado em 24/02/2000, Diário da Justiça de 20/03/2000. Brasil, 2003.

BRASIL. Superior Tribunal de Justiça. *REsp 190361/SP.* Rel. Min. GARCIA VIEIRA - PRIMEIRA TURMA, julgado 3/12/1998 Diário da Justiça de 8/03/1999. Brasil, 1999.

BRASIL. Superior Tribunal de Justiça. *REsp 144.656/ES.* Rel. Ministro ADHEMAR MACIEL, SEGUNDA TURMA, julgado em 06/10/1997, Diário da Justiça de 27/10/1997. Brasil, 1997.

BRASIL.. Superior Tribunal de Justiça. *REsp 101.629/SP.* Rel. Ministro HUMBERTO GOMES DE BARROS, PRIMEIRA TURMA, julgado em 08/05/1997, Diário da Justiça de 16/06/1997. Brasil, 1997.

BRASIL. Superior Tribunal de Justiça. *REsp 87.901/RJ.* Rel. Ministro ARI PARGENDLER, SEGUNDA TURMA, julgado em 25/09/1997, Diário da Justiça de 13/10/1997. Brasil, 1997.

BRASIL. Supremo Tribunal Federal. *ADC 4,* Relator(a): Min. SYDNEY SANCHES, Relator(a) p/ Acórdão: Min. CELSO DE MELLO, Tribunal Pleno, julgado em 01/10/2008, DJe-213 DIVULG 29-10-2014 PUBLIC 30-10-2014 EMENT VOL-02754-01 PP-00001. Brasil, 2014.

PORTUGAL. *Resolução da Assembleia da República nº 35/2008* - Ratifica o Acordo Ortográfico da Língua Portuguesa. Diário da República, 1ª série, nº 145 de 29.07.2008. [Em linha]. Lisboa, 2008. [Consulta em 12 de junho de 2016]. Disponível em: <https://dre.pt/application/dir/pdf1s/2008/07/14500/0480204803.pdf>.

LISBOA. *Acordo Ortográfico da Língua Portuguesa de 1990.* [Em linha]. Brasília: Senado Federal. 2ª ed. 2014. [Consulta em 31 de agosto de 2015].

Disponível em: <https://www2.senado.leg.br/bdsf/bitstream/handle/id/508145/000997415.pdf?sequence=1>.

PORTUGAL. *Código de Processo Civil Português de 2013*- Lei n.º 41/2013, de 26 de junho. Diário da República, 1.ª série, nº 121 de 26.06.2013. [Em linha]. Lisboa, 2013. [Consulta em 20 de agosto de 2015]. Disponível em: <https://dre.pt/application/dir/pdf1sdip/2013/06/12100/0351803665.pdf>.

PORTUGAL. *Código de Processo Civil Português de 1961* – Decreto-Lei nº 44.129 de 28 de dezembro de 1961. Imprensa Oficial de Lisboa de 28.12.1961. [Em linha]. Lisboa, 1961. [Consulta em 20 de agosto de 2015]. Disponível em: <http://www.dgpj.mj.pt/sections/leis-da-justica/pdf-leis2/dl-44129-1961/downloadFile/file/DL_44129_1961.pdf?nocache=1182951595.6>.

CARTA CAMPINAS – *Empresa de Campinas indicava advogado para defender o trabalhador demitido.* [Em linha]. Campinas, 18/06/2015. [Consulta em 12 de junho de 2016]. Disponível em: <http://cartacampinas.com.br/2015/06/empresa-de-campinas-indicava-advogado-para-defender-o-trabalhador-demitido>.

Impressão e acabamento:

Grupo Smart Printer
Soluções em impressão